教育部人文社会科学重点研究基地
清华大学技术创新研究中心

CSSCI集刊

# 创新与创业管理

（第21辑）

Management of Innovation and Entrepreneurship

陈劲 高建 主编

科学出版社
北京

## 内 容 简 介

“创新与创业管理”是由教育部人文社会科学重点研究基地——清华大学技术创新研究中心组编的学术研究丛书。本丛书主要收录创新与创业管理领域内高质量的学术论文，包括理论探讨、实证分析、案例解读、调查报告、文献综述及评论。

本专辑共收录了8篇文章，研究主题涉及：公民创新——探索万众创新的后熊彼特范式；国外中小企业开放式创新；协同知识创新两阶段激励机制；基于合作创新的移动互联网企业门径管理；创业投资机构行为与企业创新；创业坚持；性别和创业研究的可视化分析；实践类创业教育对大学生创业意愿和创业行为的影响。

**图书在版编目（CIP）数据**

创新与创业管理. 第21辑 / 陈劲，高建主编. —北京：科学出版社，2019.12

ISBN 978-7-03-062862-6

Ⅰ. ①创… Ⅱ. ①陈… ②高… Ⅲ. ①企业管理-文集 Ⅳ. ①F272-53

中国版本图书馆CIP数据核字（2019）第241443号

责任编辑：王丹妮 / 责任校对：贾伟娟

责任印制：张 伟 / 封面设计：无极书装

科学出版社出版

北京东黄城根北街16号

邮政编码：100717

http://www.sciencep.com

北京虎彩文化传播有限公司印刷

科学出版社发行 各地新华书店经销

*

2019年12月第 一 版 开本：787×1092 1/16

2019年12月第一次印刷 印张：7 3/4

字数：188 000

**定价：88.00 元**

（如有印装质量问题，我社负责调换）

# 编 委 会

**主　　编**　陈　劲　高　建

**副 主 编**　李纪珍　王　毅

**编委会成员**（按姓氏笔画排序）

| | | | |
|---|---|---|---|
| 于　渤 | 苏敬勤 | 李　垣 | 李正风 |
| 李廉水 | 李新春 | 吴贵生 | 吴晓波 |
| 张玉利 | 张宗益 | 陈　光 | 陈　松 |
| 陈宏民 | 陈晓红 | 武春友 | 官建成 |
| 胡树华 | 柳卸林 | 聂　鸣 | 郭　斌 |
| 葛宝山 | 曾　勇 | 谢　伟 | 谢　恩 |
| 雷家骕 | 路　风 | 路江涌 | 蔡　莉 |
| 薛　澜 | 穆荣平 | 魏　江 | |

# 目录 CONTENTS

# 公民创新——探索万众创新的后熊彼特范式*

陈劲，韩令晖，曲冠楠

（清华大学 经济管理学院，北京 100084）

**摘要**：本文系统分析了主流的生产者创新视角存在的不足，回顾了创新大众化与民主化思潮的兴起、发展和局限，结合中国情境，首次提出了公民创新（citizen innovation，CI）这一后熊彼特时代的创新范式，阐明了其理论内涵，讨论了过程机制。公民创新的理论核心是关注以社会中的广泛群体为主体，以开放协作式社群为组织形式，为社会创造公共物品的大众化创新范式。本文以开源软件社区为典型案例展开讨论，深入实践阐释公民创新的理论内涵和研究边界。

**关键词**：公民创新；万众创新；开放协作；创新范式

**中图分类号**：C913.7；C93-0　**文献标志码**：A

诺贝尔经济学奖获得者 Phelps 认为，一个民族的繁荣取决于创新活动的广度和深度，认识到这一点具有重要意义[1]。创新作为推动经济社会可持续发展的主要动力，是人类文明和发展历程中的一项重要活动[2]。

长期以来，被经济学家、政策制定者和企业管理者所广泛接受的主流创新范式强调生产者视角，这一视角可以追溯至 Schumpeter[3, 4]于 20 世纪 30 年代发表的创新创业与经济发展理论。Schumpeter 所定义的创新主要发生在生产领域，根据生产者创新模式的主要思想，创新源自生产者，同时生产者是创新的唯一主体。生产者创新模式的流行导致了一系列的后果，不仅催生了基于生产者激励理论的公共政策，也由此产生了知识产权系统，在一定程度上赋予了生产者垄断创新的权利。

---

* 基金项目：国家哲学社会科学重大基金项目“建设世界科技创新强国的战略比较与实现路径研究”（17ZDA082）；国家自然科学基金应急管理专项项目“我国解决关键核心技术‘卡脖子’问题的体制机制、组织模式与政策研究”（71941026）。

作者简介：陈劲（1968—），男，浙江余姚人，清华大学经济管理学院教授，博士生导师，清华大学技术创新研究中心主任，研究方向为创新管理、科技政策；韩令晖（1986—），女，辽宁朝阳人，清华大学经济管理学院博士研究生，研究方向为创新管理、科技政策；曲冠楠（1986—），男，辽宁沈阳人，清华大学经济管理学院博士研究生，研究方向为创新管理、科技政策。

生产者视角所代表的封闭垄断式的创新，极大地限制了Phelps所强调的创新活动的广度，抑制了创新能带来的社会活力和发展动力。因此，近30年来兴起的创新民主化的思潮对这一模式提出了挑战，其中以von Hippel和Chesbrough两位杰出学者的开创性研究为代表。von Hippel提出的创新源理论和用户创新理论最早从创新主体的角度对生产者创新模式提出了质疑，他经过一系列实证研究发现，在不同的行业中，除了生产者，用户和原料供应商也可能成为创新的来源[5]。另一个对生产者创新模式的挑战来自Chesbrough于2003年提出的开放式创新理论[6]，该理论基于一个重要的前提假设，即有用的知识是广泛地分布在人群当中的。Chesbrough认为，虽然企业的内部研发部门都是由行业专家和精英组成的，但是他们依然需要广泛地获取组织边界之外散布在不同大脑当中的有用知识。开放式创新从探索创新资源的角度肯定了企业边界之外有用知识的重要作用，推进了创新民主化思潮的发展。

这一思潮引领下的研究在过去的30年间从兴起到获得广泛的认可，取得了长足的发展，也面临诸多挑战。首先，虽然von Hippel的用户创新理论和Chesbrough的开放式创新理论，分别从创新主体和创新资源的角度拓展了创新的广度，它们所探索的范围依然是以企业为核心的周边群体和组织（如用户群体或和企业存在合作关系的科研机构等），并没有有效地利用广泛散布在人群当中的有用知识。其次，已有创新民主化的相关研究聚焦于以营利为目的的商业创新，忽略了生产领域之外以解决问题和增加公共服务为目的的社会创新。最后，人们合作的组织形式也不再局限于新制度主义经济学家所聚焦的市场和层级结构（market and hierarchy），突破了地域和层级结构限制的开放协作式组织为创新的发生提供了新的可能，新型的组织形式对创新民主化有着何种影响尚待理论上的进一步探索。

在此背景下，为了填补已有创新民主化研究中存在的空白，进一步拓展创新活动的广度，本文提出公民创新这一根植于现代社会经济条件的创新范式。公民创新将已有研究中对创新主体的定义从生产者及其周边群体扩展到广泛的社会群体（图1），关注通过开放协作式社群组织起来的公民个人所从事的以创造社会公共物品为目的的"民主化"创新活动，为国家和社会在面对多变的外界环境时，如何通过创新的民主化最大化创新的广度，激发全社会创新的活力，从而实现经济发展和社会福利的创造提供新的理论范式。

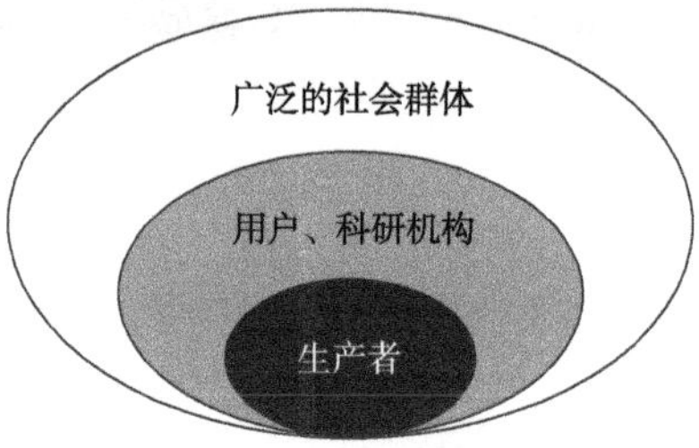


**图1 创新主体的扩展**

在当今中国的创新实践中，大型的国有和私营企业充当着主要创新者的角色，这些企业集中了来自国家和社会的优质资源，并通过资源高投入的方式在企业内部进行封闭的创新。

然而，随着市场和国际环境的动态演化，生产者创新模式在中国情境下的局限也开始显现，其表现为过度依赖资源投入而导致的资源利用率下降与负外部性[7]。根据经济学理论中的边际递减效应，随着企业对创新所需资源的持续投入，创新产出在达到一定水平以后，来自创新的边际产出会呈现递减的趋势。因此，中国经济转型升级所面临的一个重要挑战是如何弥补生产者创新动力的不足，并找寻到一条能最大限度地激发全社会创新活力的路径。杰出的管理理论源于伟大的时代[8]，公民创新这一新的理论范式的提出，将为中国的万众创新和创新驱动战略提供理论支持，通过激发广泛的社会群体的创新活力，为中国经济和社会的繁荣发展探索新的引擎。

# 1 理论回顾

## 1.1 生产者创新模式及其局限

在 20 世纪 80 年代以前，创新过程的各个环节——从创意的产生到创意的商业化和产品的营销——均由企业承担。生产企业通过购置先进的设备、招聘行业精英、投入大量资源组成内部研发部门，以沃森科学计算实验室、萨尔诺夫实验室、施乐帕洛阿尔托研究中心为代表的众多著名企业研发实验室是这一时期的典型代表。而这些实验室背后的逻辑，正是由企业垄断的高度集权式的生产者创新模式。

生产者创新模式的起源可以追溯到 1934 年 Schumpeter 发表的创新创业与经济发展理论[3]，Schumpeter 对创新的定义集中在生产领域并强调了生产企业作为创新主体的重要角色。生产者创新模式是指，创新由作为生产者的企业创造，并且通过产品和服务的销售将创新传递给消费者。这一模式的提出基于两个重要的假设：首先，根据生产者创新模式的思想，创新的唯一主体是生产者（企业）；其次，生产者（企业）作为创新主体进行创新活动的主要目的是通过产品和服务的销售获得利润。

生产者创新模式将对创新主体的关注限制在生产者（企业）的狭窄群体，视创新为少数行业精英所垄断的“特权”，忽略了存在于企业及正式组织边界之外的个人的创新活动和创新潜能。随之而产生的以保护生产者为目的的知识产权保护体系，从法律和价值观上赋予了企业一定程度上垄断创新的权利，更强化了创新活动的封闭特性。另外，生产者对营利的强调，不仅损失了社会福利的最大化，同时忽略了对非营利性创新活动的关注。

## 1.2 民主化创新思潮的兴起和发展

信息通信技术（information and communication technology，ICT）的出现和发展导致了社会形态的深刻变革，随着组织边界逐渐变得模糊，创新不再是被行业精英和作为生产者的企业所独享的专利，设计和沟通成本的大幅度下降让个人有了成为创新主体的可能，创新正在经历着从封闭垄断的生产者创新模式向民主化转向的进程。von Hippel 的用户创新理论和 Chesbrough 的开放式创新理论开创性地挑战了生产者创新模式，开启了对民主化创新的理论探索。

### 1.2.1 用户创新关于创新主体的民主化探索

Adam Smith（亚当·斯密）提出，在劳动细分程度高的制造业，大部分发明是由普通工人创造的，在从事一些非常简单的操作工作当中，工人们都自然地开始努力寻找让自己的工作变得更容易的方法。Rosenberg[9]对美国机床工业历史的研究支持了这一观点，最重要的基本机床类型最初是被对这些类型的机床有着强烈需求的用户公司所开发的。Smith 的观点和 Rosenberg 的实证研究都表明，在生产企业之外，用户公司及其员工也是重要的创新者。

20 世纪 80 年代，麻省理工学院的 von Hippel 教授在他的著作中探讨了以用户为中心的创新系统。用户是指期望从新的设计、产品或服务的使用中获得收益的公司或个人消费者。von Hippel 教授通过实证研究发现，77%的科学仪器创新和两类微电子产业工艺设备创新都来自用户。用户创新理论的核心观点认为，在不同的行业或领域中，用户和原料供应商也可能成为生产者之外的创新来源[10]。

同时，von Hippel 认为，创新主体是谁是创新当中重要的基本问题，对这一问题的认知会对政策制定产生深远的影响。用户创新理论正是从创新主体的角度挑战了自创新理论诞生起被广泛接受的生产者模式，突破了传统企业实验室的边界，创新不再是专家和行业精英独享的专利。用户作为创新的主体，真正拥有创新的最终发言权和参与权。

### 1.2.2 开放式创新关于创新资源的民主化探索

2003 年，美国的 Chesbrough 教授提出了开放式创新理论[6]，挑战了过去企业在内部控制信息流动的创新过程，提出企业应该突破组织的边界，利用内外部的资源和市场来帮助自身挖掘创新机会。多数实证研究表明，开放式创新会给企业带来更好的绩效表现[11, 12]。例如，产品的性能会得到更高效的提升，新产品开发和上市将变得更快，企业也会获得更高的利润回报[13, 14]。开放式创新理论基于这样一个假设，即企业无法拥有创新过程当中需要的所有知识，而这些有用的知识是广泛地分布在人群当中的，因此，即使企业拥有行业精英组成的专家研发团队，如何吸收和利用这些广泛分布在企业组织边界之外的有用知识依然是企业创新过程中的核心。开放式创新通过肯定组织边界之外的有用知识对创新的核心作用，揭示了生产者企业在组织边界之内所拥有的创新资源的不足，并由此挑战了以封闭、垄断为主要特点的生产者创新模式，为企业提高创新绩效提供了新的解决思路。

### 1.2.3 现有创新理论的局限和突破

作为民主化创新研究中开创性的理论，用户创新和开放式创新分别从创新主体和组织边界之外创新资源的探索两个方面对长久以来主导创新理论的生产者创新模式提出了挑战，在理论层面上对创新广度的拓展有着重要的意义，但是两者也存在着各自的理论局限。

首先，用户创新在创新主体的维度上推进了创新民主化的探索，但是该理论对创新主体的扩展依然以企业为核心，局限于生产者企业周边的用户群体，对于增加创新广度的贡献是有限的。其次，用户创新理论实践启示的落脚点在于企业如何重新设计自己的创新流程来系统地整合用户主导的创新，创新的过程依然围绕企业的营利性目的展开，忽略了以增加社会福利为目的的非营利性创新。

对比用户创新理论，开放式创新理论将企业边界之外的个人和组织看作创新资源的重要来源，从资源的角度对创新民主化进行了另一维度的探索。但是，开放式理论中创新的主体依然是生产者企业，广泛的社会群体所拥有的有用知识只能以资源的形式被生产者企业所利用。这种视角忽略了广泛社会群体的主观能动性，从而忽视了他们在现有的社会经济条件下成为创新主体的可能性。

通过对已有的民主化创新理论的梳理和思考，可以清晰地看到现有理论对于创新主体的定义在民主化的维度上所存在的局限，如何进一步扩展创新主体的范围到广泛的社会群体，对于拓展创新的广度和激发全社会的创新活力有着重要的意义。另外，已有理论讨论的核心依然是以营利为目的的商业创新，这类创新虽然为生产企业带来了利益和发展，却缺乏对创造公共物品和改善社会福利的贡献，关注非营利目的的创新活动将有利于解决一些困扰人类生存的基本问题和增加社会的公共财富。为了突破已有研究的局限，进一步发展创新民主化理论，本文提出公民创新这一新的理论范式，以广泛的社会群体为创新主体，关注以创造社会公共物品为目的的创新活动，同时探索技术进步和社会形态的改变所催生的新型组织形式为创新活动的组织和协调所带来的新可能（图 2）。

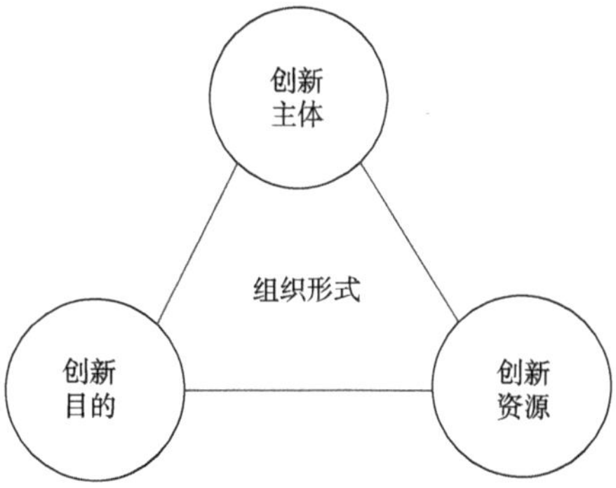


**图 2　创新民主化的维度**

## 2　公民创新的理论框架

本文从三个维度展开讨论公民创新的理论内涵。第一个维度讨论了公民创新如何汇聚和协调那些分散在广泛人群当中的有用知识并将之转化为创新；第二个维度讨论了公民创新如何满足个体的自我实现需求；第三个维度讨论了公民创新如何定义制度对个人在创新上的影响（图3）。

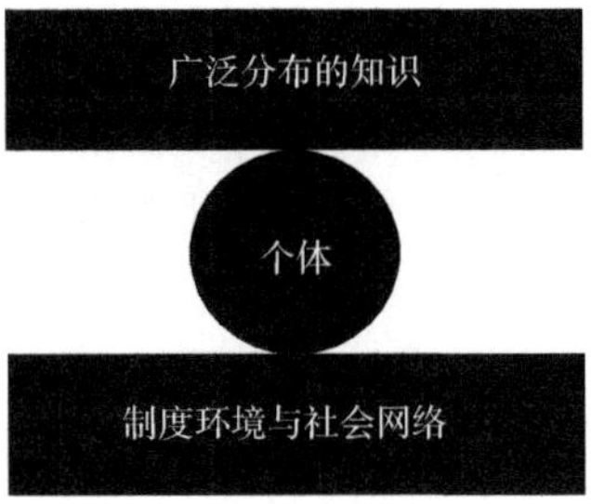


图3 公民创新理论框架

## 2.1 公民创新与知识的汇聚、协调和转化

### 2.1.1 Hayek关于知识在社会中的利用和古代雅典的成功启示

有用的知识无法集中在某一个人的头脑中，而是广泛地分散在大众当中。Hayek 在《知识在社会中的利用》一文中的论述有力地支持了这个观点[15]，他认为人类社会和自然界的根本区别在于，自然界是循环往复的，但是人类社会要接受各种变化带来的冲击。因此，Hayek 提出，人类社会需要解决的一个重要问题是怎样应对这些变化。当变化发生的时候，总是某些个人在某个局部能够感受到变化，因此，关于变化的知识是没有办法被集中在某一个人的大脑里面的，而是分散在人群当中的。

同时，Hayek 认为知识不仅指科学知识和教科书里的知识，更重要的知识是关于什么人在哪里需要什么东西、对于所需东西的具体要求、需要的数量是多少，以及为了获得这些东西愿意付出的代价，他认为这些具体的信息也是知识，它们分散在不同人的大脑里面，当变化发生时，一个经济体系面临的最重要问题是怎样利用这些分散的知识。延伸到创新方面，能够有效地汇聚、协调和转化分散在广泛社会群体当中的有用知识，会为经济的繁荣和社会福利的增加带来有益的正向效应。例如，古代雅典的繁荣与强大，得益于其对分散在社会中有用知识的利用并由此产生的创新[16]。

和同时期的城邦相比，古代雅典在军事和经济上都获得了杰出的成就，是上千个城邦中最具有影响力的。按照同时代的标准来评价，希腊社会曾经取得的进步相当惊人。这些进步背后的动力来自充分调动了分散知识和激发了社会活力的创新模式，雅典人通过一套“汇聚、协调和规则化有用知识的手段”，有效地动员和利用了那些大量分散在不同头脑当中的知识，从而解决了 Hayek 所提出的关于社会科学的核心理论问题[15]。古代雅典在一个高度竞争和充满不确定性的环境中获得了长期的繁荣，为同样面临着竞争压力和环境不确定性的现代组织和国家寻找生产者创新之外的创新动力，提供了宝贵的经验和启示。

### 2.1.2 开放协作式社群与知识的汇聚、协调和转化

有用的知识是散布在人群当中的，某一项创新所需要的知识不可能同时存在于某一个人的头脑当中。因此，如何有效地将这些拥有着不同知识的人组织起来实现一个共同的创新目标，是公民创新试图探讨和解决的重要问题。

关于组织形式的讨论更多地来自新制度主义经济学对市场和层级结构的研究[17]。层级结构的组织形式和生产者创新模式相对应，在有着层级结构的生产企业里，创新的战略和决策来自高级管理层，具体的执行由行业精英组成的研发团队和其他相关部门（生产、销售等）来进行，团队的组织与沟通通过层级结构所设定的命令传达链条（the chain of command）来实现。在层级结构的组织形式里，创新的边界由组织边界所决定，虽然存在着团队人员的变动，但是相对清晰和固定。在市场中发生的创新以个人为单位，通常出现在特定的行业和领域当中，如书籍和影视剧本的写作者、从事绘画和雕塑的艺术家等。对于这种类型的创新组织方式，创新的全部过程即从创意的产生到创意转化为创新都由个人实现，与市场中其他人和组织的交互是交易而非合作的关系。

信息通信技术的出现和飞速发展，正在使设计和沟通的成本快速、持续地降低，模块化设计架构也变得越来越普遍。相较于个人电脑和互联网出现之前的时代，这些外生的技术变化使社会中的个人可以突破地域的限制通过不同于市场和层级结构的新型组织形式参与到创新活动当中去。具体来说，模块化设计由一个具有核心功能的初始架构及一组接口组成。参与者可以通过接口将新模块附加到整个系统中，而不需要开始就有一个统一的设计。模块化的设计架构与开放合作式的组织形式兼容，使每个参与者都能以相对较低的设计成本参与到创新过程中，通过平行工作和整合成果的方式达到创新的目标。另外，基于互联网的沟通方式在降低了沟通成本的同时也突破了地域的限制，将地理上分散在不同国家和地区的人们联结在一起，使有着相同兴趣和目标的个人能共同参与一项创新，有效地分配任务和整合成果，达到创新的目标。

技术条件的成熟催生了开放协作式社群（open collaborative community）[18]作为一种新的组织形式的兴起。开放协作式社群由互相之间存在着松散联系的参与者组成，这些参与者被共同的目标所吸引，平行工作又彼此协作，能突破组织和地域的限制，在最大程度上将社会中具有不同知识的个人通过共同的兴趣和目标组织在一起，从事创新活动。

开放协作式社群具有以下特征。

（1）参与者以个体为单位平行地工作和创新，成果可以整合进一个更大规模的系统当中。

（2）参与者在平行工作的同时，也和其他参与者（peers）交互和沟通。

（3）参与者通常会免费发布自己的创新成果，并通过与社群内其他参与者成果的整合，贡献具有经济价值的公共物品（public good）。

开放协作式社群有别于新制度主义经济学家关注的层级结构（hierarchy）和市场（market）两种组织形式[17]。和传统公司的层级结构相比，开放协作式社群的结构是扁平化的“同伴”

组织，没有命令传达链条，因此也不存在一个拥有权威的“领导”。除此之外，传统公司虽然也有人员的流动，但其边界相对清晰固定，而开放协作式社群有更为动态和模糊的边界。另外，开放协作式社群和市场相比，虽然两者都是以个体为单位开展工作，在市场当中个体之间的关系是交易关系，而在开放协作式社群当中个体之间还存在合作和交互关系。

## 2.2 公民创新的激励机制与个体的自我实现

公民创新的一个重要特征是创新主体免费发布创新的成果，为社会贡献公共物品。根据经济学的理论，人的效用是多维度的。因此，个体从事公民创新的动机一方面来自经济利益的激励，另外一方面则来自个体满足自我实现的心理需求。

### 2.2.1 公民创新带来的经济回报

已有研究[19]提供了三种描述创新如何从行业和社会当中获得回报的模型——私人投资模型( private investment model )、集体行动模型( collective action model )和私人-集体模型( private collective model )。

第一种私人投资模型是基于这样的假设，即创新由以营利为目的的私人投资者支持，如生产者模型当中的生产企业。为了鼓励私人投资者对创新的投入，社会赋予了创新者通过专利在一定程度上保护创新的权利，这种权利帮助创新者从创新投入当中获得相应的回报。但同时，创新者对于其创新产出的垄断性控制造成了一定程度的社会损失。在私人投资模型当中，为了鼓励私人投资者创新，社会承担了这一部分损失[20]。

第二种集体行动模型的创新产出主要是为社会提供公共物品。根据 Olson 的定义[21]，公共物品是由其非排他性和非竞争性定义的。集体行动模型是建立在创新者放弃了对于知识和资产的控制权，让这些知识和资产变成公共物品，该模型能够避免私人投资模型带来的社会损失。但是，集体行动模型的问题在于该如何招募和激励潜在的贡献者，面临的困境在于每一个参与者都可以选择在等待其他人做出贡献以后“搭便车”( free riding )。科学研究是集体行动模型的一个重要例子，鼓励科学发展和科学家创新的激励措施包括提供科学研究所需的资金，并对做出重大贡献的个人授予荣誉[22]。由公共部门提供基金是促使科学家无偿公布在科学上的发现的重要手段。

第三种私人-集体模型，在这一模型当中，免费公布有价值的知识和创新并不会给创新者带来利益上的损失，相反，免费公布创新会给创新者带来利益；另外，在私人-集体模型当中，“搭便车”的参与者和创新者所获得的利益并不像集体行动模型中假定的相等，创新者作为公共物品的贡献者会获得比“搭便车”的人更多的利益。第一，通过免费公布创新，创新者会从网络效应中获得收益。第二，团体成员的身份可以成为创新者进行创新活动的动机。对于这一点，Klandermanns 和 Hertel 等在社会心理学和社会学等领域的研究支持了这一观点[23-25]。私人-集体模型和前面两者相比的优势在于，私人的投入创造了作为公共物品的新知识和创新，这些公共物品可以被无偿地提供给社会，增加了社会福利。这一模型也解释了公民创新的激励机制。

### 2.2.2 自我实现的哲学与心理学基础

古希腊哲学家 Aristotle 提出了“美好生活”（good life）的概念[26]，他认为对美好生活的追寻是追求“最高的善”（the highest good）。“最高的善”有三种特点：①它本身就是人们追求和渴望的目标；②它本身不是达到其他目标的手段；③追寻其他的目标最终是要达到这一“最高的善”。也就是说，追寻美好生活是追寻“最高的善”这样一个终极目标的过程。在试图寻找什么是“幸福”和“美好生活”的答案时，Aristotle 给出了这样的论断，即美好生活要通过人的行动来实现，而不仅指某一种静止的状态，同时，行动必须要和人的理性特质有所联系。他强调了理解和研究活动是实现美好生活的重要手段，因为其背后所代表的理性是区分人类和其他动物的重要特质。

因此，“美好生活”表达了一种人文精神，指的是人们经过认真的思考所选择的生活方式，这种生活方式本身是人们追求的终极目标，它更注重人们的内心状况和精神状态，鼓励自我价值的实现。Rawls[27]曾经提出，自我实现的本质是人们通过工作重新发现自己的天赋和能力。对自我实现的渴望驱动人们探索和发挥自己的能力，在解决和探索复杂问题的过程中，能力发挥的充分程度直接影响了人们从中所获得的幸福感的程度。因此，解决问题和探索未知的经历本身就成为一种激励。

根据 Aristotle 和 Rawls 所提出的价值观，一个人精神上的幸福和成长来自新的经验和问题，探索发现和分享新的想法。因此，创新活动本身所带来的新经验，对复杂问题的探索，发挥自己天赋和能力的机会，都对追求“美好生活”和寻求自我实现的现代人产生了强烈的吸引力。倡导一种鼓励个人创新、探索和自我实现的价值观，有助于激发个人创新，为社会带来活力和福利。这种价值观区别于单纯的冒险精神，而更代表一种探索的精神，视探索未知的不确定性的过程为一种宝贵的经历和体验。而这背后更深层次的需要是个人能通过自己的理性判断（reasoning）来发挥想象力或采取行动。这里的理性和新古典主义经济学中理性人的假设并不完全一致，而是特指人区别于其他动物的一些认知层面的特质，如语言、记忆、总结过去和逻辑思考的能力。

根据人本主义心理学家（humanistic psychologist）马斯洛的需求层次理论（Maslow's hierarchy of needs）[28]，人的需求分为生理需求、安全需求、社交需求、尊重需求和自我实现需求五个层次。

自我实现是指个体在适宜的社会环境中充分发挥自身的各种才能和潜能，实现个人理想和追求的过程，是人最高层次的需求。个体从事创新活动，不仅能带来经济上的收益，也是个人满足自我实现需求的重要和有效途径。

## 2.3 公民创新中制度与社会对个体创新行为的影响

### 2.3.1 制度环境

人的思想和行为会受到制度环境的影响和制约。制度不仅包括法律等正式制度，也包括文化、观念和约定俗成的社会期待等非正式制度。在个体参与开放协作式社群进行创新的过程中，一方面受到社群之外的法律和社群内部具有指导和约束作用的规章制度的制约和影响，另一方面，社群内部会逐渐形成约定俗成（taken for granted）的社交和协作方式，同时这个形成的过程会受到文化和社会价值观的影响[29，30]。

### 2.3.2 社会网络

美国著名社会学家 Granovetter 在 1985 年提出了嵌入性的概念[31]，认为人的行为是嵌入在社会关系当中的，人们一方面受益于嵌入关系所带来的资源，另一方面受制于所嵌入的社会关系的各方。在公民创新的语境中，个体通过开放协作式社群的组织形式参与创新活动，社群所带来的社会网络能为个人提供创新所需的信息和资源，同时个人会受到社群当中不同角色对于自身行为的制约。

基于以上三个维度，本文提出公民创新的理论内涵，公民创新是指以广泛的社会群体为创新主体的，以开放协作式社群为组织形式的，为创造社会公共物品和改善社会服务的创新活动。

## 2.4 公民创新的过程

从创新的过程来看，传统的生产者创新模式采取的是封闭垄断形式的创新，创新的活动和过程都发生在企业的内部，由公司战略决定，具体的活动由专家和行业精英组成的内部研发部门（R&D）完成。在开放式创新中，虽然创新所需要的知识和资源部分来自企业边界之外，但是创新活动本身依然被企业和其研发部门所集中控制。

由于创新具有高度的不确定性，创新的成功依赖于大量的和多方向的尝试[32]。有关公司创新的研究表明，一个公司创新上的成功和它能够在更多样的知识领域和地理范围内搜索知识有着正向的关联[33-35]。除此之外，如各种类型的信息来源，也会影响创新的成果[34，36-38]。早期和近些年的研究都表明，由于创新成功的可能性非常不确定，可以使用“并行路径策略”[39-41]来增加成功的可能性。

以开放协作式社群组织起来的公民创新的一个重要特点是创新的成果可以通过模块化的方式进行整合，变成公共物品。在平行搜索创新的过程中，由于没有一个集权化的命令系统，每个人的主观能动性和创新意愿可以得到自由发挥，让更多样性的尝试变成可能。同时，由于开放协作式社群可以触及广泛而多样的人群，更容易聚集更为多元化的知识，创新也更为广泛和丰富。

# 3 案例——开源软件社区

从 20 世纪 90 年代的 Apache 和 Linux，到如今的 TensorFlow，开源软件在贡献了显著经济价值的同时，更推动了计算机、互联网和人工智能技术的飞速扩张和发展。开源软件可以看作公民创新的线上典型实践。

## 3.1 组织形式

开源软件项目的组织形式是开放协作式社群的典型例子。开源软件项目通常会提供项目的目标陈述，这些目标陈述有的准确，有的模糊，有的只包括技术细节，有的会描述广义的意识形态。项目的贡献者自愿加入，形成一个网上的虚拟社区，他们通常在地理上分散在世界不同的国家和地区，贡献者的数量从几个人到上千人不等。

## 3.2 激励机制

免费分享自己的创新是开源软件项目的重要特点[41]。对开源软件项目的研究显示，创新者免费分享自己的创新并不完全出于对经济利益的追求：第一，如果创新者免费发布自己的代码，其他人可以帮助他们调试和改进已经发布的代码，代码质量得到提高会让包括创新者在内的所有使用者受益；第二，开源社区当中免费公开代码的先行者，会对其他参与者在免费发布创新的行为方面产生积极的影响，很多受益于这些公开代码的人会抱着回馈的心态参与到写作创新和免费分享的行列中来；第三，参与开源社区的软件开发人员认为得到社区中其他成员的反馈是一种宝贵的学习机会。

## 3.3 创新过程

开源软件项目的参与者可以根据自身的兴趣和知识储备自由选取想要开发或改进的代码模块，通过容易获取的免费或付费的开发和测试工具（如 Microsoft Visual Studio、NetBeans、PyCharm、Intellij IDEA 等），独立完成一个模块的工作，并将成果发布在虚拟社群里。其他成员通过代码评审（code review）的方式帮助作者改进代码的质量和防止漏洞（bug）的出现。参与者平行独立地工作，通过虚拟社区的方式分发任务，改进工作，防止错误，并且将独立完成的工作成果整合进项目的代码库中，成为能供所有人免费使用的公共物品。

# 4 总结

无论是古代希腊的直接参与式民主所激发的公民创新所带来的杰出成就，还是现代开源软件和维基百科所创造的经济与社会福利，都表明那些分散在人群当中的知识能产生巨大的创新潜能。公民创新这一新的理论框架进一步推进了创新民主化的研究，将创新研究的主体从企业、专家和行业精英的狭窄视角中解放出来，聚焦于拥有“黏性”知识的广泛公民全体，以创造公共物品和增加社会福利为目的，为进一步探索和扩展创新的广度提供了理论指导。

# 参考文献

[1] Phelps E S. Mass Flourishing：How Grassroots Innovation Created Jobs，Challenge，and Change[M]. Princeton：Princeton University Press，2013.

[2] 陈劲. 开展迎接创新强国的技术创新研究[J]. 技术经济，2015，34（1）：1-4.

[3] Schumpeter J A. The Theory of Economic Development[M]. Cambridge：Harvard University Press，1934.

[4] Schumpeter J A. Business Cycles：A Theoretical，Historical，and Statistical Analysis of the Capitalist Process[M]. New York：McGraw-Hill，1939.

[5] von Hippel E. Democratizing innovation：the evolving phenomenon of user innovation[J]. Journal für Betriebswirtschaft，2005，55（1）：63-78.

[6] Chesbrough H W. Open Innovation：The New Imperative for Creating and Profiting from Technology[M]. Boston：Harvard Business Press，2003.

[7] 陈劲，曲冠楠. 有意义的创新：引领新时代哲学与人文精神复兴的创新范式[J]. 技术经济，2018，37（7）：1-9.

[8] 陈劲，曲冠楠，王璐瑶. 基于系统整合观的战略管理新框架[J]. 经济管理，2019，41（7）：5-19.

[9] Rosenberg N. Perspectives on Technology[M]. Cambridge：Cambridge University Press，1976.

[10] von Hippel E. The Sources of Innovation[M]. New York：Oxford University Press，2007.

[11] Vrontis D，Thrassou A，Santoro G，et al. Ambidexterity，external knowledge and performance in knowledge-intensive firms[J]. The Journal of Technology Transfer，2017，42（2）：374-388.

[12] Ahn J M，Minshall T，Mortara L. Open innovation：a new classification and its impact on firm performance in innovative smes[J]. Journal of Innovation Management，2015，3（2）：33-54.

[13] Sisodiya S R，Johnson J L，Grégoire Y. Inbound open innovation for enhanced performance：enablers and opportunities[J]. Industrial Marketing Management，2013，42（5）：836-849.

[14] Hung K-P，Chou C. The impact of open innovation on firm performance：the moderating effects of internal R&D and environmental turbulence[J]. Technovation，2013，33（10/11）：368-380.

[15] Hayek F A. The use of knowledge in society[J]. The American Economic Review，1945，35（4）：519-530.

[16] Ober J. Democracy and Knowledge：Innovation and Learning in Classical Athens[M]. Princeton：Princeton University Press，2008.

[17] Williamson O E. Markets and hierarchies：some elementary considerations[J]. The American Economic Review，1973，63（2）：316-325.

[18] Levine S S，Prietula M J. Open collaboration for innovation：principles and performance[J]. Organization Science，2013，25（5）：1414-1433.

[19] von Hippel E，von Krogh G. Open source software and the “private-collective” innovation model：issues for organization science[J]. Organization Science，2003，14（2）：209-223.

[20] Nerlove M，Arrow K J. Optimal advertising policy under dynamic conditions[J]. Economica，1962，29：129-142.

[21] Olson M. The Logic of Collective Action[M]. Cambridge：Harvard University Press，2009.

[22] Audretsch D B，Stephan P E. Company-scientist locational links：the case of biotechnology[J]. The American Economic Review，1996，86（3）：641-652.

[23] Klandermans B. The Social Psychology of Protest[M]. Oxford：Blackwell，1997.

[24] Hertel G，Niedner S，Herrmann S. Motivation of software developers in open source projects：an internet-based survey of contributors to the linux kernel[J]. Research Policy，2003，32（7）：1159-1177.

[25] Hertel G，Konradt U，Orlikowski B. Managing distance by interdependence：goal setting，task interdependence，and team-based rewards in virtual teams[J]. European Journal of Work and Organizational Psychology，2004，13（1）：1-28.

[26] Mckeon R. The Basic Works of Aristotle[M]. New York：Random House，1941.

[27] Rawls J. Political Liberalism[M]. 2nd ed. New York：Columbia University Press，2005.

[28] Maslow A H. Motivation and Personality[M]. New York：Harper，1954.

[29] Meyer J W，Rowan B. Institutionalized organizations：formal structure as myth and ceremony[J]. American Journal of Sociology，1977，83（2）：340-363.

[30] DiMaggio P J，Powell W W. The iron cage revisited：institutional isomorphism and collective rationality in organizational fields[J]. American Sociological Review，1983，48（2）：147-160.

[31] Granovetter M. Economic action and social structure：the problem of embeddedness[J]. American Journal of Sociology，1985，91（3）：481-510.

[32] Ahuja G，Lampert C M. Entrepreneurship in the large corporation：a longitudinal study of how established firms create breakthrough inventions[J]. Strategic Management Journal，2001，22（6/7）：521-543.

[33] Katila R，Ahuja G. Something old，something new：a longitudinal study of search behavior and new product introduction[J]. The Academy of Management Journal，2002，45（6）：1183-1194.

[34] Ahuja G，Katila R. Technological acquisitions and the innovation performance of acquiring firms：a longitudinal study[J]. Strategic Management Journal，2001，22（3）：197-220.

[35] Rosenkopf L，Nerkar A. Beyond local search：boundary-spanning，exploration，and impact in the optical disk industry[J]. Strategic Management Journal，2001，22（4）：287-306.

[36] Laursen K，Salter A. Open for innovation：the role of openness in explaining innovation performance among U. K. manufacturing firms[J]. Strategic Management Journal，2006，27（2）：131-150.

[37] Nelson R R. Uncertainty，learning，and the economics of parallel research and development efforts[J]. The Review of Economics and Statistics，1961，43（4）：351-364.

[38] Veugelers R, Cassiman B. Make and buy in innovation strategies: evidence from belgian manufacturing firms[J]. Research Policy, 1999, 28（1）: 63-80.

[39] Baldwin C Y, Clark K B. Design Rules: The Power of Modularity[M]. Cambridge: MIT Press, 2000.

[40] Baldwin C Y, Clark K B. Managing in an age of modularity[J]. Managing in the Modular Age: Architectures, Networks, and Organizations, 2003, 149: 84-93.

[41] Raymond E. The cathedral and the bazaar[J]. Knowledge, Technology & Policy, 1999, 12（3）: 23-49.

# Citizen Innovation: A Post-Schumpeter Innovation Paradigm Based on Open Collaboration

Chen Jin, Han Linghui, Qu Guannan

（School of Economics and Management, Tsinghua University, Beijing 100084, China）

**Abstract:** This paper systematically reviews the limitation of the dominant producer centric innovation and the burgeoning of democratizing innovation. Based on the existing theories of democratizing innovation and innovation practices in Chinese context, it introduces a new innovation paradigm—citizen innovation（CI）and discusses its theoretical framework and processes. Citizen innovation focuses on the "democratizing" innovation activities carried out by the general public through open collaborative groups with the goal of creating public goods. Finally, it analyzes the case of open source software and applies the core theory of citizen innovation to explain the practices and underlying logic.

**Keywords:** citizen innovation; democratizing innovation; open collaborative; innovation paradigm

# 国外中小企业开放式创新：研究综述*

周杰

（西南政法大学 商学院，重庆 401120）

**摘要**：本文首先对开放式创新的内涵和运作模式进行了梳理；接着对开放式创新的动因、管理（包括网络构建、知识管理和治理）及绩效等方面的研究文献进行了综述；最后，归纳了中小企业开放式创新研究的不足，并提出了未来研究的方向。

**关键词**：中小企业；开放式创新；知识管理

**中图分类号**：**F271**　　**文献标识码**：**A**

## 1 研究背景

随着市场竞争的加剧、顾客的需求变化加快，企业要在市场中生存必须不断进行创新。开放式创新作为一种重要的创新方式，已经得到了越来越多的重视[1]，成为创新领域中重要的研究主题之一[2，3]。开放式创新强调均衡协调企业内部和外部的资源来产生创新思想，同时综合利用企业内、外部市场渠道为创新活动服务[4，5]。开放式创新的思想提出之后，研究对象最初主要集中于IBM、Adidas（阿迪达斯）、Procter & Gamble（宝洁）等大企业，特别是针对高新技术企业的研究[6]。实际上，开放式创新不仅存在于大企业，也被中小企业采用[3，7-9]。与大企业相比，中小企业在市场竞争中面临着更大的挑战，存在资金紧张、资源有

---

* 基金项目：国家自然科学基金项目“新创企业商业模式创新中场景价值共创的动因、机理及路径研究”（71772020）；教育部人文社会科学研究青年基金项目“多边联盟企业间竞合关系演化与合作创新绩效关系研究”（16YJC630181）；2017年重庆市社会科学规划项目“重庆制造企业创新生态系统合作创新实现机制”（2017YBGL141）；2017年西南政法大学专项资助项目“核心企业主导型制造企业创新生态系统合作创新实现机制研究”（2017XZZXZD-15）；2017年西南政法大学资助重点项目“重庆制造企业创新生态系统多主体间关系演化及其对合作创新绩效的影响研究”（2017XZZD-03）。

作者简介：周杰（1978—），男，山东莱西人，西南政法大学商学院教授，博士，研究方向为战略管理、创新管理、知识管理。

限等局限，缺少足够的技术支持进行创新[10]，需要依靠外部的合作伙伴进行创新以增强竞争力，开放式创新逐渐成为很多中小企业创新的重要方式[9]。部分学者认为中小企业比大企业更倾向于使用开放式创新[9, 11]：van de Vrande 等调研荷兰 605 个创新型中小企业后发现，中小企业参与多种开放式创新实践[8]；Theyel 发现超过 50%的美国中小企业在某种程度上都参与了开放式创新[12]。近年来，学者开始关注中小企业开放式创新的独特性[13]，强调应重视中小企业的开放式创新研究[1, 3]。从已有研究看，中小企业开放式创新相关研究还不够系统，所得到的结论存在不一致、冲突的地方，仍然需要进一步研究[1, 3, 9]，加强中小企业开放式创新研究，对于推动开放式创新理论的发展和完善有重要的作用[14]。

基于此，本文针对中小企业开放式创新研究现状进行了梳理，首先对开放式创新的内涵及运作模式进行了分析，对中小企业开放式创新的动因、管理及绩效进行了综述，最后，对中小企业开放式创新研究现状进行了评述，提出了未来研究的方向，希望能够为中小企业开放式创新研究和实践提供一定借鉴。本文的理论贡献主要体现在以下方面：一是对开放式创新的内涵及运作模式相关研究进行了综述，分析了中小企业开放式创新的独特性；二是对中小企业开放式创新的动因、管理及绩效等方面的研究进行了综述，有助于研究者了解和认识中小企业开放式创新研究的主题及相关研究进展；三是提出了未来的研究方向，有利于拓展、延伸中小企业开放式创新的研究空间，推动中小企业开放式创新研究的进一步开展。

# 2 开放式创新的内涵及运作模式

## 2.1 开放式创新的内涵

Chesbrough 首先提出了开放式创新的概念，以区分传统的封闭式创新。开放式创新被定义为“均衡协调企业内部和外部的资源来产生创新思想，同时综合利用企业内、外部市场渠道为创新活动服务”[4]。2006 年，Chesbrough 和 Crowther 进一步将开放式创新定义为“企业有目的地应用内流和外流的知识来加速内部创新或者拓展知识在外部市场开发”[15]。尽管在定义中未对开放式创新实践的构成要素进行明确表述，不过，已有研究提出，开放式创新的主要参与者包括供应商、客户、研发机构、大学，甚至是竞争者。开放式创新的内涵可以从组织渗透和信息共享两个不同的视角进行分析[16]，前者强调开放式创新是通过拓展企业的边界来获取外部资源或者出售内部资源的创新过程[4]，企业通过开放式创新能够利用外部的知识与内部的知识进行整合实现产品创新，也可以将内部的知识出售给外部的企业，实现内部知识的外部应用[17]；后者则强调在知识产权约束下的信息共享[16]。本文认为，对于开放式创新内涵的认识，应该将这两种视角相结合，即在开放式创新过程中，强调知识产权在知识转移、共享中的约束作用，将企业内部知识、外部知识有效整合进行知识创造以实现创新目标，并在可能的情况下将企业拥有的知识出售给其他组织以实现知识应用。

## 2.2 开放式创新运作模式

按照 Chesbrough 和 Crowther 的研究，开放式创新包含内向型开放式创新（inbound open innovation）和外向型开放式创新（outbound open innovation）[15]，Enkel 等进一步提出了第三种范式即双向过程范式（coupled process），企业将内部的活动（利用外部知识和资源来补充企业内部的研发能力）与外部的活动（如对外许可）进行整合来实现共同研发、商业化、共同利用的目标[18]。本文主要围绕内向型开放式创新和外向型开放式创新展开分析，明确开放式创新的运作模式。

### 2.2.1 内向型开放式创新

内向型开放式创新是获取和转移外部的技术、创意和知识到企业内部，主要通过合作研发、联盟、许可、兼并、顾客参与等方式实现[19]。在这种方式下，企业将已有的知识和外部的知识整合，丰富企业的知识基础，提升创新效率。比如，面对快速的市场变化时，为了提高产品创新的速度，企业可以考虑引入外部的知识与已有知识进行整合以实现产品创新，或者不同企业之间进行合作研发来提升产品创新的速度，满足新的市场需求。在内向型开放式创新过程中，知识取得的方式包括了货币化和非货币化等不同方式，企业通过购买和内源两种方式获取知识[16, 20]，其中，购买是指企业在获取外部资源的过程中支付货币来获得所需要的技术和知识，强调资源和知识的所有权，但其成本相对而言比较高；内源是指企业以非货币化的方式获取外部知识、资源，通过与客户、供应商、竞争者、大学等机构采取合作研发等方式进行创新，在合作的过程中获取所需要的知识，这种方式能够以比较低的成本丰富企业内部的知识库。

### 2.2.2 外向型开放式创新

外向型开放式创新是指将企业内部的技术、创新和知识等转移到外部的企业，并进行商业化利用的过程，包括外向的许可、知识源开放、分立等方式[19]。在这种情况下，企业内部的知识会被传递到外部，被其他的企业应用并创造新的市场[21]。按照 Dahlander 和 Gann 的分类[20]，企业的知识在向外转移的过程中，可以分为销售和外泄[16]。其中，销售是指企业将内部的知识以专利等方式销售给其他企业，以获取相应的财务回报，如外向许可方式；外泄是指企业未获取财务回报的情况下将知识泄露给企业外部，其目的多是获取声誉等间接受益，其优势在于能够避免过于保护知识可能导致的“保护的短视”，不足之处在于无法获得财务收益[16]。

## 2.3 中小企业开放式创新的必要性

对中小企业而言，从传统的封闭式创新转向开放式创新是在资源有限的情况下的必然选择，需要协调不同组织之间的活动、组织间的关系，也需要处理好知识共享与知识保护的关系，因而面临着重要的挑战。不过，从长远来看，具有前瞻性的开放式创新有助于取得重要的创新[22]，越来越多的中小企业开始采取开放式创新的方式。在开放式创新过程中，知识突破了企业的边界，可以在不同的参与主体之间进行流动和交换，企业可以依靠其他参与主体的资源、知识来实现创新活动，在创新的过程中也涉及不同企业之间的共同行动，企业的人力资源管理范围突破了企业界限，能够利用不同企业的知识储备来实现创新目标。因此，开放式创新可以为中小企业提供一种以低成本获取其他企业资源的方式，能够解决技术、财务和人力资源等方面的障碍，推动面向新市场的产品研发[4]。同时，通过开放式创新，中小企业能够通过合作网络获取更多的信息、技术，能够利用合作伙伴的设施，能够减少企业的投资，缩短技术、知识的研发时间[4, 9, 15]。

中小企业的开放式创新与大企业不同，已有关于大企业开放式创新所得到的研究结论不能直接应用于中小企业[8, 13]。与大企业相比，中小企业更加灵活，研发流程制度化程度比较低，决策速度比较快，这使中小企业能够更快地对市场需求做出响应。但是，中小企业存在资源、规模有限及创新手段不健全等局限[23]，使其在创新中需要依赖外部企业的知识、资源，在开放式创新实践中更多采取的是内向型开放式创新[8, 23]，联合研发和用户参与创新是最常见的开放式创新模式[7, 8]。开放式创新能够为中小企业的新产品开发做出更多贡献，中小企业采取专利技术保护机制能够比大企业获得更多的收益，但从搜寻战略（searching strategy）获得的收益要比大企业少[11]。因此，应该针对中小企业开放式创新的独特特征展开研究，以提高研究结论的普适性和针对性。

# 3 中小企业开放式创新的动因

中小企业在创新的过程中会受到财务资源缺乏、缺乏机会雇佣到专业员工、创新组合无法分散风险等因素的阻碍，开放式创新为中小企业克服这些障碍提供了可能的方式[24]。因此，突破组织界限、建立网络进行开放式创新已经被越来越多的中小企业采用，是中小企业应对激烈竞争的重要选择。通过对德国、澳大利亚、瑞士的调查发现，32.5%的中小企业在某种程度上会采取开放式创新[22]。本文从内部动因和外部动因两个方面对中小企业开放式创新的动因进行了梳理，希望可以明确中小企业实施开放式创新实践的原因，为中小企业实施开放式创新实践提供参考。

## 3.1 中小企业开放式创新的内部动因

中小企业开放式创新内部动因相关研究比较松散，通过对相关研究进行整合，本文从资源基础理论、知识基础理论和社会网络理论进行分析。

从资源基础理论看，中小企业由于自身规模比较小，管理能力、内部资源有限，所拥有的知识储备不足，在面对外部激烈竞争时，需要采取开放式创新来拓展企业的资源范围，获取外部的资源、知识来实现创新目标。因此，企业的规模是影响开放式创新的重要方面[8, 9, 22, 25]。由于规模有限，中小企业往往缺乏研发和商品化新产品所需要的资源，技术资产储备少，需要与其他企业合作进行创新[8, 11, 26]，才能够更好地实现创新目标[11, 20]。Barney 和 Clark 基于资源基础观进行分析，提出资源缺乏是中小企业采取开放式创新的主要原因[27]。

从知识基础理论来看，新产品创新涉及不同学科的知识，企业单纯依靠自身的实力进行知识和技术的积累需要较长的时间，且中小企业缺少资源对新产品开发所需要的知识进行投资，中小企业更加愿意采取开放式创新的方式进行创新[9]。中小企业需要发现、辨识、利用来自外部的知识，并将其与企业内部的知识进行整合实现创新目标，需要与顾客、供应商、竞争对手、研发机构等建立联系获取知识[28]。Padilla-Meléndez 等认为，知识的转移和交换是开放式创新的重要方面，在实现创新目标的过程中需要加强企业间合作来实现知识转移和交换[29]。不过，中小企业开放式创新的过程中，也会面临着合作伙伴的机会主义行为，这将导致产生知识泄露的风险，中小企业在开放式创新的过程中也需要加强知识管理，采取专利保护等措施进行知识保护。

从社会网络理论看，企业通过构建开放式创新网络获得所需要的资源、知识以实现创新目标，网络关系、网络结构对开放式创新网络形成及运作有重要的影响。构建理想的研发网络对于提升创新绩效具有非常重要的推动作用，不同的网络成员对于创新绩效的影响是不同的，供应商、顾客、政府、大学、研发机构对于创新绩效的影响存在显著差异[30]，顾客被认为是重要的网络成员，与顾客的互动有利于提升创新绩效[30-32]。中小企业在开放式创新的过程中，需要选择合适的伙伴进行创新，发展伙伴的能力及识别具有互补资源的伙伴的能力会影响中小企业的开放式创新[25]。

## 3.2 中小企业开放式创新的外部动因

中小企业是否采取开放式创新与其所处的外部环境有关。当外部环境变化剧烈时，中小企业更愿意采取开放式创新战略。已有研究主要围绕市场动态性、技术动荡性（technological turbulence）及政策等因素的影响进行。

市场的动态性被认为是影响中小企业开放式创新的重要因素之一[33]，企业需要根据市场的变化做出应对，需要创新出新的产品来满足市场需求：一方面，企业需要在内部发展研发能力满足顾客的需求；另一方面，需要采取开放式创新的方式来应对市场的动态变化[34]。满足消费者的需求是开放式创新的重要目标，中小企业通过开放式创新的方式对市场变化做出反应，与其他企业进行合作能够克服产品商业化过程中可能存在的困难，能够更好地满足消费者的需求[7, 8]。

技术动荡性指企业所处行业产品和工艺技术的变化程度，快速的技术进步会显著缩短产品生命周期，侵蚀企业的竞争优势。面对快速的技术变化时，中小企业会考虑采取开放式创新的方式，通过与其他企业合作来进行创新[35]。比如，Lichtenthaler 发现，技术动荡性高的情况下，企业无法拥有技术研发所需要的所有技术，通过开放式创新能够从企业外部获取所需要的知识进行创新[36]。

此外，企业所处的行业、区域的政策环境被认为是推动中小企业开放式创新的重要影响因素，公共政策对于加快开放式创新在中小企业的运用有重要影响[37]。Kamp 和 Bevis 认为，公共研究机构和大学应该在中小企业创新中起到重要作用，来自公共机构的创新支持对于中小企业开放式创新具有重要的推动作用[38]。Vrgovic 等建议发展中国家的政府机构可以采用创新孵化器来帮助中小企业连接、沟通并与其他的创新者合作，从而推动创新实践的发展[39]。Roper 和 Hewitt-Dundas 研究了公共研发中心投资在推动开放式创新中的作用，他们采用实时监控实验的方式对 18 家建立于 2002 年的公共研发中心的外部联系的发展情况进行研究后发现，以大学为基础的公共研发中心比以企业为基础的公共研发中心建立了更多新联系，也能够与中小企业进行更多互动，更有助于推动开放式创新的开展[40]。

# 4 中小企业开放式创新管理

开放式创新目标的实现始于创新网络的构建，需要加强治理以维系不同组织之间的关系，且需要平衡知识保护与知识共享之间的关系，加强知识管理。因此，本文在综述中小企业开放式创新管理时，主要从网络构建、知识管理和治理三个方面进行综述。

## 4.1 中小企业开放式创新网络构建

开放式创新网络是知识转移的重要平台[41]，是企业获取知识或者转移知识的重要方式。中小企业与其他企业、政府、大学、研究机构、顾客等建立合作关系，构建开放式创新网络[7]。中小企业构建的网络包括水平网络、垂直网络及同时具备两者的混合网络，且水平网络多于垂直网络[42]。中小企业构建的网络与理想网络的差距越大，中小企业的创新绩效就越低[32]，有效的网络构建对于中小企业成功地进行开放式创新非常重要[6]，会影响到焦点企业开放式创新的伙伴选择，也会对成员企业之间信任关系的建立产生重要影响[7]。

关于开放式创新的合作伙伴选择问题，Wynarczyk 认为，考虑到中小企业自身的资源、能力等方面的约束，中小企业需要与大学、其他企业建立合作关系，提升产品研发速度，加快将新想法转化为商品的速度，从而有助于企业保持竞争优势[9]。此外，孵化器、实验室、研究中心和大学等研究机构也可以作为合作伙伴为中小企业创新提供附加值[43]。与其他组织相比，大学中的研究机构能够为中小企业创造更多的联系，并且更容易与中小企业互动，而其他类型的研究机构则往往对中小企业开放式创新的关注不够[40]。从价值链来看，中小企业在开放式创新过程中更愿意与客户建立合作关系，因为客户能够更直接地向企业提供技术发展趋势的相关信息[44]。此外，也有学者发现，中小企业在不同阶段构建网络时的伙伴选择标准是不一样的，需要根据企业的实际发展情况选择不同的合作伙伴，比如，在企业培育阶段，创业者更愿意借助股权投资者的专业知识获得成长，而在此之后则更愿意借助股权投资者的专业知识和网络联系提升绩效[45]。

中小企业可以采取诸如技术发展、产品发展、制造、商业化等不同的开放式创新战略建立创新网络[12]。在开放式创新的过程中，中小企业会进行战略调整[46]，需要采取包括获取和应用两个部分的搜寻战略，其中，获取是指获得外部的知识，应用是指技术商业化，且这两个方面对于开放式创新都十分必要[22]。也有学者认为，中小企业通过获取战略所获得的收益不如大企业[7, 11]，因为中小企业可能并不具备广泛搜寻的能力，过多的搜寻活动会对中小企业的管理构成挑战。因此，企业规模可能会影响到搜寻战略[47]。此外，考虑到中小企业开放式创新存在的悖论，即企业需要开放以获得外部的知识进行创新，但在商业化的过程中则需要知识保护以保证收益[48]，中小企业必须平衡好知识搜寻与知识创造之间的关系。在开放式创新网络建立的过程中，中小企业应该意识到并非成员越多越好，因为过于密集和广泛的网络联系可能会带来协调成本，也可能会导致知识泄露，必须仔细地选择合适的合作伙伴才能更好地实现开放式创新的目标[49]。

## 4.2 中小企业开放式创新知识管理

从知识基础观来看，创新目标的实现依赖于已有知识的整合和新知识的创造，知识的转移、共享、交换等活动在实现创新的过程中起着非常重要的作用，知识管理是开放式创新管理的重要组成部分，中小企业必须建立相应的机制和组织形式来实现知识、技术的外向和内向流动[50]。基于不同的知识导向，可以将创新分为内部知识导向创新、外部知识导向创新和开放式创新，不同的知识管理策略导致了不同的创新类型[51]（表 1）。其中，开放式创新强调要同时重视内部知识和外部知识，从而能够使企业有更宽广的知识来源，提升企业的适应性，能够使企业利用已有的知识、整合外部的知识来提升创新绩效。正如本文前述所提及的，开放式创新包括内向型和外向型开放式创新，其中，内向型开放式创新是探索性学习行为，其目的是发现、获取来自企业外部的信息和知识，包括研究机构、大学、顾问、竞争者、政府机构、供应商和顾客的信息和知识[52]；外向型开放式创新则是通过许可、专利或者合同等方式加强对企业内部知识的利用，以期提升企业的绩效[53]。与此研究相类似，也有研究发现，中小企业在开放式创新的不同阶段采用不同的方式获取知识：在探索性开发阶段，中小企业更愿意与大学和研究机构建立战略联盟，通过联盟的方式获取知识，在这种情况下，知识泄露的风险比较低；在利用性开发阶段，中小企业通过与大企业建立关系，或者与其他的中小企业建立战略联盟、外包协议，或者建立网络的方式加强知识的利用以提升企业的绩效[7]。

表 1 不同创新范式下的知识管理[51]

| 创新范式 | 特点 | 知识来源 |
| --- | --- | --- |
| 内部知识导向创新 | 强调运用企业内部知识进行创新，即封闭式创新；知识独特性强，难以模仿；创造独特优势 | 企业内部 |
| 外部知识导向创新 | 创造更宽广的知识基础，紧跟技术发展前沿；提升知识利用速度；强调企业的吸收能力 | 企业外部 |
| 开放式创新 | 同时利用企业内部和外部的知识来进行创新；提升企业的响应速度、适应性 | 企业内部、外部 |

知识共享、知识转移是实现创新的必要条件之一，更好地进行知识共享、知识转移实践对于实现开放式创新有非常重要的促进作用。Scuotto 等采用 175 个英国中小企业样本数据，检验了认知、知识、吸收能力三个因素对于非正式的内向型开放式创新模式的影响，采用结构方程模型检验后发现，知识在驱动非正式的内向型开放式创新模式中起着最主要的作用[54]。Singh 等则研究了知识共享实践对于开放式创新的影响，他们采用 404 个中小企业的样本数据、基于结构方程模型进行检验，发现高层管理知识价值（top management knowledge value）会影响知识共享实践，进而对开放式创新产生积极影响，最终影响组织绩效[53]。因此，高层管理者在开放式创新知识管理中的重要作用应该予以注意，高层管理者重视知识，就会愿意建立、推动知识共享相关的实践活动，促进企业内部、外部的知识共享，推动知识的探索、利用，能够让企业更好地发现、抓住创新的机会。

除了正常的知识转移、交换之外，也可能会存在知识泄露。Alberti 和 Pizzurno 基于意大利航空产业集群的数据进行社会网络分析，研究了开放式创新过程中的知识交换，区别了开放式创新中的技术知识（与产品和流程发展相关的知识）、管理知识（使组织的管理和流程更加有效的知识）、市场知识（与市场的结构和组织相关的知识），提出了企业在开放式创新中承担的四种角色，即外部明星（external stars）、守门者（gatekeepers）、相互交换者（mutual exchangers）和隔离者（isolates）[55]。他们发现，大企业和中小企业在管理知识交换中主要担任守门者的角色，新创企业则承担外部明星的角色；在市场知识和技术知识方面，新创企业是守门者。对大企业而言，新创企业是很有价值的知识来源，特别是关于市场和技术的知识；对新创企业而言，在发展的过程中需要从与其合作的大企业处获得管理知识。不同类型的知识经常是混合在一起的，在合作创新网络中可能会出现非意愿交换的知识被合作伙伴获得的情况，因而可能会导致知识泄露问题，这将损害知识源企业的利益，使企业面临着极大的风险。作为企业的管理者，应该考虑设计合理的开放式创新战略来尽可能地吸收知识，并注意知识泄露的风险，平衡好知识共享与知识保护之间的关系。

此外，也有学者对开放式创新中的知识流动对新创企业的影响进行了研究。Eftekhari 和 Bogers 采用案例研究的方式探讨了管理知识流动的影响[56]。他们发现，新创企业需要通过生态系统获取相关的营销知识，这是新创企业创造知识的必要步骤，通过该方式可以破解资源限制和知识缺失的不足，能够提高新创企业存活的可能性。进一步，顾客参与可以帮助企业获得建议和反馈，增加与顾客的互动能够帮助新创企业创造成功的产品或者服务，从而有利于突破商业化的挑战。此外，新创企业所处位置对其生存也起着重要作用。在一个开放的环境中，新创企业可以获得不同学科的知识，这有利于创意和解决方案的产生，从而能够提高新创企业的存活率。对于知识获取，Eftekhari 和 Bogers 认为创业者的心智（mindset）非常重要，拥有开放的心智能够提高寻找和利用机会、产生创意的可能性，更加有利于营造开放的环境，能够推动生态系统企业间的合作，也能够提高顾客参与程度，对新创企业的生存产生间接影响[56]。

## 4.3 中小企业开放式创新治理

在开放式创新的过程中，中小企业面临着资源缺乏、创新活动不够规范、研究领域复杂性程度高及缺乏创新活动协调能力等障碍[1]。Bigliardi 和 Galati 采用 157 家意大利的中小企业来分析开放式创新的障碍，研究发现中小企业开放式创新面临的障碍包括知识障碍（与知识或者技能泄露、被竞争对手模仿等有关）、合作障碍（与合作伙伴的机会主义行为、合作伙伴的选择等有关）、组织障碍（与管理外部合作的管理技能缺乏、组织不愿意改变等有关）、财务和战略障碍（与企业的经济、缺乏战略视野等有关）。其中，知识障碍主要出现在知识密集型的企业，财务和战略障碍主要出现在中等创新程度的企业，合作障碍和组织障碍主要出现在低创新程度的企业[57]。特别是，中小企业中的新创企业由于互补资产短缺、资金限制、日益激烈的商业竞争环境等的影响，其在寻求外部知识、资源的过程中也面临着很大的挑战：作为技术寻求者，新创企业面临研发能力有限、缺少财务资源、市场声誉有待提升、风险资本利益安排等挑战；作为技术提供者，则面临资源缺乏、技术分配不当的风险、市场声誉有限、潜在购买者劝说等挑战。因此，中小企业必须加强开放式创新管理以破解其面临的障碍，努力提高创新绩效。

与封闭式创新相比，开放式创新活动由于跨越企业边界，涉及不同主体间的创新活动，其管理的复杂性、难度更高，中小企业需要加强开放式创新的管理以应对开放式创新的管理挑战[58]。不过，相对而言，中小企业开放式创新治理方面的文献还比较少，已有文献重点强调了非正式治理在其中的重要作用，包括信任、社会资本等。作为非正式的治理机制，信任可以看作一种以非正式的方式来防止合作伙伴之间的自利行为的管理模式[59]，信任在涉及不同企业的开放式创新中起着重要的作用。Hasche 等通过案例研究发现，信任是推动新创企业与其合作伙伴进行开放式创新的因素[60]。其中，信任包括了基于合同的信任、基于能力的信任和基于善意的信任。基于合同的信任是指在合作之间通过合同的方式来显示承诺，基于能力的信任指企业的能力达到了预期的期望，而基于善意的信任指合作伙伴之间可以依赖彼此的情况。信任的三个方面对于创新的持续均具有重要的作用，如果其中有一个没有达到，则会导致创新合作过程的中断[60]。因此，必须注意在企业之间建立信任关系，从而保持创新过程的持续。考虑到开放式创新的过程中存在着知识和技术泄露的风险，特别是成员之间存在竞争的情况下，知识共享、交换与转移会增加企业的风险，中小企业在开放式创新的过程中需要依赖信任协调不同主体的行为。除了信任之外，也有学者强调了社会资本、先前工作经验在跨组织协调中的重要性。Comacchio 等对意大利东北部的 148 个技术转移中心在行业和大学之间的跨组织活动进行研究，探讨技术转移中心在信息共享、共同问题解决等跨组织活动中的作用。研究发现，个人层次的人力资本、个人层次和组织层次的社会资本在中小企业跨组织的协调活动中起着重要的作用[61]。Usman 和 Vanhaverbeke 的研究则强调企业管理者的经验对于有效实施开放式创新的重要性，先前的大企业工作经验有助于新创企业的管理者在与大企业开放式创新的过程中更有效率地处理相关事情，能够更有效地管理开放式创新工作[62]。

# 5 中小企业开放式创新绩效研究

开放式创新绩效研究是中小企业开放式创新研究的重点之一，已有研究主要考虑了开放度、吸收能力、开放式创新实践、知识管理、创新网络、创新氛围等对中小企业创新绩效的影响。

（1）开放度。开放式创新需要突破企业的边界、需要企业间的合作来实现，开放度被认为是影响开放式创新绩效的重要因素之一。开放度的概念由 Laursen 和 Salter 提出，用于测量企业开放式创新活动中的关系数量及质量，即开放的广度和深度[28]。在中小企业开放式创新研究中，Dahlander 和 Gann 用外部创新的数量、企业对于正式和非正式的关系的依赖程度、正式和非正式的保护来测量开放度[20]。研究发现，开放度可能与企业所处的阶段有关，Michelino 等发现，企业在初创阶段的开放度最高，这将有助于企业与其他科研机构进行合作，通过合作能够接触到更多的专业化知识，有利于实现高质量的创新[63]。虽然不少研究都发现中小企业愿意通过开放式创新来进行创新，这说明中小企业有较高的开放度。不过，也有学者提出，中小企业的开放度仍有待提高[64]。

作为影响创新绩效的重要因素之一，不少学者探讨了开放度对创新绩效的影响。比如，Lazzarotti 等将中小企业按照合作伙伴的差异、创新阶段的差异划分为四种类型，即开放创新者、专业合作者、整合合作者和封闭创新者，研究发现企业的开放度确实有利于提升创新绩效，不过，企业的绩效［资产回报率（return on assets，ROA）和销售利润率（return on sales，ROS）］在采取封闭式创新时表现更高[65]。对此，他们认为主要源于影响绩效的因素是多方面的、复杂的，在讨论绩效的影响因素时应该考虑一系列不同的因素，且这些因素之间有可能导致相反的影响效应，因而所得到的结果可能并未反映真实情况。Vahter 等则采用面板数据探讨中小企业开放度对创新绩效的影响，研究结果发现中小企业的开放度对绩效的影响要比大企业的更大[66]。Fu 发现开放度和激励都对创新效率有正向影响，相对而言，长期激励比短期激励更能提升创新效率，开放度和激励对于创新效率的影响存在替代效应[67]。Hochleitner 等采用外部的信息资源、机器设备合作与获得、研发三个方面反映中小企业在产品开发中的开放度，发现开放度对非财务指标（质量、产品范围和市场份额）有显著的影响。同时，他们在研究开放式创新与进入时机的问题时发现，开放式创新有助于市场开拓者将新的产品引入市场，从而为推进开放式政策的制定提供支撑[26]。

（2）吸收能力。吸收能力是企业辨识新的外部信息的价值并吸收、应用到商业中的能力。吸收能力对知识转移具有积极影响，吸收能力强的企业能够更好地判断知识的价值，并能够更好地理解、吸收所转移的知识。中小企业创新不能仅仅依赖于在现有知识的基础上进行内部开发，相反，它必须在其环境中不断学习，吸收外部的信息、知识和思想。研究发现，中小企业的吸收能力越高，就越倾向于采取开放式创新活动，通过合作研发和外包等方式进行创新[68]，缺少吸收能力是中小企业创新和成长的主要障碍之一，吸收能力是中小企业提升开放式创新效率的关键因素[31]。Huang 和 Rice 采用来自澳大利亚的 292 家制造业中小企业进行研究，研究发现，吸收能力的投资在短期绩效上可能存在负面影响，但吸收能力在中小企业合作创新网络与创新绩效之间起积极的作用[41]。

（3）开放式创新实践。在中小企业开放式创新的研究中，很多学者关注了开放式创新实践对绩效的影响。首先，学者探讨了不同类型的创新实践活动对于创新绩效的影响。比如，Parida 等基于 252 个高技术中小企业的数据进行研究，分析内向型开放式创新活动对创新绩效的影响，发现技术外包、垂直和水平技术合作、技术搜寻等活动都有助于提升中小企业的创新绩效，其中，技术外包、技术搜寻对渐进性和突破性创新均有积极影响，垂直技术合作对突破性创新有积极影响，水平技术合作对渐进性创新有积极影响[69]。Suh 和 Kim 则采用服务行业的 300 个中小企业数据分析了内部的研发和开放式创新活动（包括技术获取、研发合作和网络）对创新绩效的影响，研究发现，内部的研发、技术获取和研发合作分别与产品/服务创新、专利活动、过程创新呈正相关关系，网络与三种创新活动均不相关[70]。Theyel 利用 293 个美国中小制造企业的数据验证了开放式创新实践与创新绩效之间的关系，研究发现，开放式创新实践中的技术发展和产品发展对产品创新和过程创新都有显著正向影响，制造与商业化对产品创新的影响并不显著[12]。对此，他们认为，这是因为绩效的测量受到短期效应的影响，开放式创新实践的作用并没有显现出来。不过，他们认为，开放式创新实践也可能带来非直接的收益，如创新机会的连接、意识和名誉等，这与 Alegre 等在研究中提出的高技术中小企业开放式创新过程中知识管理的间接效应的影响要大于直接效应的研究结论类似[71]。同时，Theyel 发现，中小企业在开放式创新过程中更愿意与顾客进行合作，而不是与供应商合作[12]，这与 Enkel 等的研究发现一致[18]。Ramirez-Portilla 等探讨了开放式创新的采用对于创新性和绩效的影响，其中，开放式创新包括开放式创新实践（open innovation practices）、开放式创新模式（open innovation model），企业绩效采用社会绩效、环境绩效和经济绩效测量。通过研究发现，开放式创新实践、开放式创新模式对创新性有积极的正向影响，但开放式创新实践的影响弱于开放式创新模式，开放式创新实践、开放式创新模式对于中小企业的绩效（环境绩效和社会绩效）有积极影响，证明了采用开放式创新能够使中小企业提升总体竞争力[72]。Kim 和 Park 发现，并非所有的开放式创新活动都对创新的产出有正向影响，采用外部的研发活动对中小企业的创新产出存在积极的正向影响，外部的创意存在负向影响，而外部的知识则不存在影响[64]。

（4）知识管理。在当前的竞争环境中，知识更新的速度越来越快，企业需要依赖企业内部、外部的知识进行创新，知识管理是开放式创新管理中的重要组成部分，中小企业开放式创新知识管理会对创新绩效产生重要影响。Ham 等采用韩国的 196 个中小企业的数据探讨了内部知识导向创新、外部知识导向创新对中小企业创新绩效的影响，研究发现，内部知识导向创新更有利于提升创新绩效，而外部知识导向创新对创新绩效的影响不显著，过度的关注外部知识可能会导致对内部知识的忽略，导致企业内部的能力被削弱，无法与竞争对手形成差异[51]。因此，开放式创新对提升中小企业的创新绩效存在负面的影响，封闭的创新活动更有利于提升中小企业的创新绩效。与之不同，Brunswicker 和 Vanhaverbeke 分析总结了中小企业在开放式创新中存在的五种外部知识寻求策略，包括最小化搜寻、供应链搜寻、技术导向搜寻、应用导向搜寻和全范围搜寻，比较了不同搜寻策略下的企业的创新绩效[73]。他们发现，不同搜寻策略下的企业会与外部的顾客、供应商、大学、专家和网络伙伴有不同程度的交互接触，全范围搜寻策略比最小化的搜寻策略更能够充分利用更大范围的新想法，能够为企业创造更大的机会增加创新的收入，应用导向搜寻则更多依赖于非直接的客户使商业化的创新项目更加成功，进而能够使其超越全范围搜寻。Singh 等探讨了知识共享实践对于开放式创新的影响，他们发现，企业需要整合内部和外部的知识来实现外向型和内向型开放式创新，这能够给中小企业带来财务和非财务的收益，因此，知识共享实践通过影响开放式创新来影响企业的绩效[53]。

（5）创新网络。创新网络构建是实现创新目标的基础，网络成员、网络结构等都会对创新产生影响。Presenza 等对 191 个意大利白酒制造商进行实证研究后发现：意大利的白酒制造企业愿意与外部的其他组织合作提升创新水平，但是，并非所有的主体对企业创新的影响都一致，顾客被认为是最重要的外部创新来源，有利于企业通过与顾客互动进行产品创新，而供应商对于开放式创新则有负面影响。此外，技术水平比较低的中小企业的开放式创新活动能够提升企业的创新能力[31]。Pullen 等考虑目标互补性、资源互补性、公平信任、可靠性信任、网络地位优势等因素构建理想的研发网络，采用 97 家医药设备企业的数据进行验证，研究发现，理想研发网络能够提升创新绩效，企业的实际网络与理想的网络之间的差异越大，创新绩效越低；封闭的、聚焦的、一致性高的新产品研发网络有助于实现高的创新绩效[32]。与之相类似，Zeng 等采用 137 家中国中小制造企业的数据，验证了合作网络与创新绩效之间的关系，证明了中小企业的创新绩效与企业间的合作、中介机构的合作及政府的合作有显著关系。其中，企业间合作对创新绩效的影响最为显著，企业与供应商、客户和其他企业的合作对创新绩效的影响不同于大学、政府、研究机构的影响，并且，政府机构对创新绩效的影响不显著[30]。

（6）创新氛围。也有学者认为，创新氛围对开放式创新有重要的影响。好的创新氛围能够让企业愿意承担风险，更愿意利用外部的知识，超越企业边界来获取知识，丰富企业的知识库。Popa 等利用 429 家西班牙企业的数据，验证了创新氛围对中小企业开放式创新的内向型开放式创新和外向型开放式创新均有积极的影响，环境动态性在创新氛围与外向型开放式创新之间起正向的调节作用。在研究中，他们还讨论了创新氛围的前置影响因素，基于承诺的人力资源实践对于创新氛围有积极的影响，且内向型开放式创新和外向型开放式创新均对企业绩效有积极的正向影响[52]。

基于上述分析，将开放式创新绩效的影响因素及其作用关系进行归纳，见表 2。

**表 2 开放式创新绩效的影响因素及其作用关系研究**

| 文献 | 影响因素 | 绩效 | 样本 | 结论 |
|---|---|---|---|---|
| Lazzarotti 等[65] | 开放度（合作伙伴的差异、创新阶段的差异） | 创新绩效 | 99 个意大利制造企业 | 正向影响 |
| Fu[67] | 开放度、激励 | 创新效率 | 978 家英国中小企业 | 正向影响 |
| Ramirez-Portilla 等[72] | 开放式创新实践、开放式创新模式 | 企业绩效（环境、社会、经济绩效） | 48 个中小企业 | 对社会和环境绩效有正向影响 |
| Parida 等[69] | 技术外包、垂直和水平技术合作、技术搜寻 | 渐进性创新、突破性创新 | 252 个高技术中小企业 | 正向影响 |
| Ham 等[51] | 内部知识导向创新、外部知识导向创新 | 创新绩效 | 196 个韩国中小企业 | 内部知识导向创新有正向影响 |
| Suh 和 Kim[70] | 内部的研发、技术获取、研发合作、网络 | 产品/服务创新、专利活动、过程创新 | 300 个中小企业数据 | 正向影响，但网络没有显著影响 |
| Theyel[12] | 开放式创新实践（技术发展、产品发展、制造、商业化） | 产品创新、过程创新 | 293 个美国中小制造企业 | 正向影响 |
| Presenza 等[31] | 外部合作网络（包括顾客、供应商、在线群体、公共机构、学术群体） | 产品创新、过程创新 | 191 个意大利白酒制造商 | 正向影响 |
| Pullen 等[32] | 理想的研发网络 | 创新绩效 | 97 家医药设备企业 | 正向影响 |
| Zeng[30] | 合作网络 | 创新绩效 | 137 家中国中小制造企业 | 正向影响 |
| Popa 等[52] | 创新氛围 | 外向型、内向型创新绩效 | 429 家西班牙企业 | 正向影响 |

# 6 研究述评与展望

自开放式创新的概念提出之后，学者围绕开放式创新进行了一系列研究，研究关注的对象逐渐从大企业开放式创新转向中小企业开放式创新。本文在对开放式创新内涵及运作模式进行分析的基础上，对中小企业开放式创新的动因、中小企业开放式创新管理及中小企业开放式创新绩效等研究进行了综述。基于已有研究文献，本文认为在未来研究过程中可以考虑以下方面。

第一，已有开放式创新相关研究为中小企业开放式创新研究打下了良好的基础，但中小企业开放式创新研究内容仍需进一步提高针对性。比如，开放式创新运作模式分为内向型开放式创新、外向型开放式创新和双向型开放式创新，学者研究中小企业开放式创新时重点关注内向型开放式创新[26, 69]，内向型开放式创新也是中小企业在实践中常用的方式[8]。不过，考虑到中小企业在实践中也存在外向型开放式创新，Chiaroni 等认为，低技术行业的企业更倾向于采用内向型开放式创新，而高技术企业则倾向于采用外向型开放式创新。在未来的研究过程中应针对外向型开放式创新和双向型开放式创新的适用情境进一步进行研究[74]。

第二，虽然有学者对于中小企业开放式创新的动因进行了研究，但大多数研究没有基于相关理论对中小企业开放式创新动因进行分析，也没有将内部动因与外部动因进行整合考虑，研究的结论相对比较松散、不够系统，对中小企业的开放式创新实践缺乏指导。在未来的研究中，应该结合中小企业开放式创新的实践，考虑采用资源基础理论、资源依赖理论、网络理论、知识基础理论等理论对中小企业开放式创新的动因进一步解释，并对内部动因、外部动因进行整合分析。比如，已有研究注意到 CEO（chief executive officer，首席执行官）的个性会对中小企业开放式创新绩效产生影响[75, 76]，在未来的研究中可以考虑将创业者、CEO、高层管理团队等特征与外部环境的动态性、不确定性等相联系来研究中小企业开放式创新的影响因素。

第三，已有研究强调了开放式创新网络的重要性，但未详细说明中小企业开放式创新过程中组织形式的选择，大多数的研究仅强调了中小企业开放式创新会形成创新网络，但未对具体采取的合作形式（如战略联盟、联盟组合等）进行论述，也未对网络的规模、密度、中心度等进行深入探讨，这会导致研究对象模糊[16]。在未来的研究中，应该考虑针对特定的中小企业开放式创新组织形式进行研究，对其所构建网络的规模、密度、中心度等进行详细分析，从而对中小企业开放式创新网络问题进行深入解释。

第四，已有研究针对开放式创新中的知识流动、知识泄露及新创企业知识管理等进行了研究，强调了知识管理的重要性，但已有研究未充分考虑中小企业在合作创新管理中的具体情境。比如，已有研究发现，中小企业在没有充足的技术资产时，无法引起诸如大学、研发机构等伙伴的兴趣[77]；小企业往往对于其他合作伙伴特别是大企业不够具有吸引力[78]，在这种情况下，中小企业如何与大企业、研发机构等建立合作关系获取知识是值得关注的问题。同时，中小企业在与其他企业合作时，也需要考虑采取适当的措施平衡知识泄露与知识共享的关系。与大企业倾向于采取专利等正式的知识产权保护措施不同，中小企业更倾向于采取商业机密等非正式措施，但对于非正式知识产权管理的作用机制尚不清晰[13]。在未来的研究中，可以考虑针对上述问题进行研究，希望能够对中小企业开放式创新中的知识管理有更清晰的认识与理解。

第五，开放式创新涉及不同组织之间的行动，需要加强组织间活动的协调，已有对于开放式创新治理的研究主要强调了非正式机制（如信任、社会资本等）的作用。实际上，在中小企业开放式创新管理研究中，也不能忽略管理能力和人力资本对开放式创新的影响，特别是企业的管理者、创业者对于开放式创新管理实践的实施有重要影响，应该研究创业者或者管理者的特征、动机、成长导向等对不同创新实践的影响[9]，重视中小企业管理者个人层面的关系资源[79]。此外，也可以借鉴已有的联盟能力、网络能力或竞合能力等研究对中小企业开放式创新的管理能力进行研究。比如，中小企业应该具备什么样的网络能力才能够更好地与其他企业建立开放式创新网络？在开放式创新价值创造与价值分配阶段，中小企业需要具备哪些处理竞争与合作的竞合能力？等等，针对这些问题的回答，将有助于中小企业提升联盟、网络管理能力以更好地实现开放式创新。

第六，已有研究对开放式创新绩效进行了研究，强调开放度、吸收能力、开放式创新实践、知识管理、创新网络、创新氛围等因素对绩效的影响，这些研究对于理解中小企业开放式创新绩效有非常重要的借鉴作用。不过，中小企业开放式创新绩效的影响因素及作用机制仍有待进一步进行研究。首先，对于开放式创新的影响因素应该进一步进行系统的研究，除了考虑开放度、吸收能力、开放式创新实践等外，还应考虑焦点企业的管理能力、开放式创新成员间关系（如关系质量、关系强度等）等因素的影响，同时，也应该将企业层面的影响因素与外部环境特征的影响进行整合考虑，如市场动态性、技术不确定性等；其次，对开放式创新的绩效测量维度进一步细化或者扩展，比如，除了考虑过程创新、产品创新等类型之外，也可以考虑渐进性创新、突破性创新等创新绩效，并考虑创新绩效之外的企业绩效，如企业成长、市场占有率、销售收入、核心竞争力等；再次，在研究中小企业开放式创新绩效时，也需要考虑行业差异，针对服务行业开放式创新绩效等进行研究，如服务创新绩效的影响因素、作用机理及服务创新绩效的测量等；最后，在研究中小企业开放式创新网络对创新绩效的影响时，可以考虑将网络特征变量与企业间关系特征变量进行结合分析，从而提升研究结论的普适性。

# 参考文献


[1] Hossain M，Kauranen I. Open innovation in SMEs：a systematic literature review[J]. Journal of Strategy and Management，2016，9（1）：58-73.

[2] Chesbrough H，Vanhaverbeke W，West J. New Frontiers in Open Innovation[M]. Oxford：Oxford University Press，2014.

[3] Kraus S，Kailer N，Dorfer J，et al. Open innovation in（young）SMEs[EB/OL]. https://doi.org/10.1177/1465750319840778 [2019-04-22].

[4] Chesbrough H W. Open Innovation：The New Imperative for Creating and Profiting From Technology[M]. Boston：Harvard Business Press，2003.

[5] 郑小平，刘立京，蒋美英. 企业开放式创新理论的研究述评[J]. 中国科技论坛，2007，（6）：40-44.

[6] Xiaobao P，Wei S，Yuzhen D. Framework of open innovation in SMEs in an emerging economy：firm characteristics，network openness，and network information[J]. International Journal of Technology Management，2013，62（2/3/4）：223-250.

[7] Lee S, Park G, Yoon B, et al. Open innovation in SMEs—an intermediated network model[J]. Research Policy, 2010, 39 (2): 290-300.

[8] van de Vrande V, de Jong J P J, Vanhaverbeke W, et al. Open innovation in SMEs: trends, motives and management challenges[J]. Technovation, 2009, 29 (6/7): 423-437.

[9] Wynarczyk P. Open innovation in SMEs: a dynamic approach to modern entrepreneurship in the twenty-first century[J]. Journal of Small Business and Enterprise Development, 2013, 20 (2): 258-278.

[10] Hitchen E L, Nylund P A, Ferràs X, et al. Social media: open innovation in SMEs finds new support[J]. Journal of Business Strategy, 2017, 38 (3): 21-29.

[11] Spithoven A, Vanhaverbeke W, Roijakkers N. Open innovation practices in SMEs and large enterprises[J]. Small Business Economics, 2013, 41 (3): 537-562.

[12] Theyel N. Extending open innovation throughout the value chain by small and mediumsized manufacturers[J]. International Small Business Journal, 2013, 31 (3): 256-274.

[13] 王安琪. 中小企业开放式创新研究述评与展望[J]. 技术经济与管理研究，2019,（5）: 27-31.

[14] 陈艳，范炳全. 中小企业开放式创新能力与创新绩效的关系研究[J]. 研究与发展管理，2013，25（1）: 24-35.

[15] Chesbrough H, Crowther A K. Beyond high tech: early adopters of open innovation in other industries[J]. R&D Management, 2006, 36 (3): 229-236.

[16] 江积海. 国外开放式创新研究的十年回顾及其展望[J]. 经济管理，2014，36（1）: 175-187.

[17] Lichtenthaler U. Open innovation: past research, current debates, and future directions[J]. Academy of Management Perspectives, 2011, 25 (1): 75-93.

[18] Enkel E, Gassmann O, Chesbrough H. Open R&D and open innovation: exploring the phenomenon[J]. R&D Management, 2009, 39 (4): 311-316.

[19] Ahn J M, Minshall T, Mortara L. Open innovation: a new classification and its impact on firm performance in innovative SMEs[J]. Journal of Innovation Management, 2015, 3 (2): 33-54.

[20] Dahlander L, Gann D M. How open is innovation? [J]. Research Policy, 2010, 39 (6): 699-709.

[21] Mortara L, Minshall T. How do large multinational companies implement open innovation?[J]. Technovation, 2011, 31 (10/11): 586-597.

[22] Lichtenthaler U. Open innovation in practice: an analysis of strategic approaches to technology transactions[J]. IEEE Transactions on Engineering Management, 2008, 55 (1): 148-157.

[23] 张震宇，陈劲. 开放式创新环境下中小企业创新特征与实践[J]. 科学学研究，2008，26（S2）: 525-531.

[24] Gassmann O, Enkel E, Chesbrough H. The future of open innovation[J]. R&D Management, 2010, 40 (3): 213-221.

[25] Gurău C L, Lasch F. Open innovation strategies in the UK biopharmaceutical sector[J]. International Journal of Entrepreneurial Venturing, 2011, 3 (4): 420-434.

[26] Hochleitner F P, Arbussà A, Coenders G. Inbound open innovation in SMEs: indicators, non-financial outcomes and entry-timing[J]. Technology Analysis & Strategic Management, 2017, 29 (2): 204-218.

[27] Barney J B, Clark D N. Resource-Based Theory: Creating and Sustaining Competitive Advantage[M]. Oxford: Oxford University Press, 2007.

[28] Laursen K, Salter A. Open for innovation: the role of openness in explaining innovation performance among UK manufacturing firms[J]. Strategic Management Journal, 2006, 27 (2): 131-150.

[29] Padilla-Meléndez A, del Aguila-Obra A R, Lockett N. Shifting sands: regional perspectives on the role of social capital in supporting open innovation through knowledge transfer and exchange with small and medium-sized enterprises[J]. International Small Business Journal, 2013, 31 (3): 296-318.

[30] Zeng S X, Xie X M, Tam C M. Relationship between cooperation networks and innovation performance of SMEs[J]. Technovation, 2010, 30 (3): 181-194.

[31] Presenza A, Abbate T, Meleddu M, et al. Small-and mediumscale Italian winemaking companies facing the open innovation challenge[J]. International Small Business Journal, 2017, 35 (3): 327-348.

[32] Pullen A J J, de Weerd-Nederhof P C, Groen A J, et al.Open innovation in practice: goal complementarity and closed NPD networks to explain differences in innovation performance for SMEs in the medical devices sector[J]. Journal of Product Innovation Management, 2012, 29 (6): 917-934.

[33] Pervan S, Al-Ansaari Y, Xu J. Environmental determinants of open innovation in Dubai SMEs[J]. Industrial Marketing Management, 2015, 50 (6): 60-68.

[34] Chesbrough H.Business model innovation: it's not just about technology anymore[J]. Strategy & Leadership, 2007, 35 (6): 12-17.

[35] Bianchi M S, Campodall'Orto S, Frattini F, et al. Enabling open innovation in small-medium sized enterprises: how to find alternative applications for your technology[J]. R&D Management, 2010, 40 (4): 414-431.

[36] Lichtenthaler U. Outbound open Innovation and its effect on firm performance: examining environmental influences[J]. R&D Management, 2009, 39 (4): 317-330.

[37] Vega A, Brown D, Chiasson M. Open innovation and SMEs exploring policy and the scope for improvements in university-based public programmes through a multidisciplinary lens[J]. International Journal of Entrepreneurial Behaviour and Research, 2012, 18 (4): 457-476.

[38] Kamp B, Bevis K. Knowledge transfer initiatives as a doorstep formula to open innovation[J]. International Journal of Automative Technology Management, 2012, 12 (1): 22-54.

[39] Vrgovic P, Vidicki P, Glassman B, et al. Open innovation for SMEs in developing countries-an intermediated communication network model for collaboration beyond obstacles[J]. Innovation, 2012, 14 (3): 290-302.

[40] Roper S, Hewitt-Dundas N. Catalysing open innovation through publicly-funded R&D: a comparison of university and company-based research centres[J]. International Small Business Journal, 2013, 31(3): 275-295.

[41] Huang F, Rice J. The role of absorptive capacity in facilitating "open innovation" outcomes: a study of Australian SMEs in the manufacturing sector[J]. International Journal of Innovation Management, 2009, 13(2): 201-220.

[42] Hemert P, Nijkamp P, Masurel E. From innovation to commercialization through networks and agglomerations: analysis of sources of innovation, innovation capabilities and performance of Dutch SMEs[J]. The Annals of

Regional Science，2013，50（2）：425-452.

[43] Hronszky I，Kovács K. Interactive value production through living labs[J]. Acta Polytechnica Hungarica，2013，10（2）：89-108.

[44] Santoro G，Ferraris A，Giacosa E，et al. How SMEs engage in open innovation：a survey[J]. Journal of the Knowledge Economy，2018，9（2）：561-574.

[45] di Pietro F，Prencipe A，Majchrzak A. Crowd equity investors：an underutilized asset for open innovation in start-ups[J]. California Management Review，2018，60（2）：43-70.

[46] Caetano M，Amaral D C. Roadmapping for technology push and partnership：a contribution for open innovation environments[J]. Technovation，2011，31（7）：320-335.

[47] Christensen J F，Olesen M H，Kjaer J S. The industrial dynamics of open innovation—evidence from the transformation of consumer electronics[J]. Research Policy，2005，34（10）：1533-1549.

[48] Laursen K，Salter A J. The paradox of openness：appropriability，external search and collaboration[J]. Research Policy，2014，43（5）：867-878.

[49] Hughes A. Hunting the snark：some reflections on the UK experience of support for the small business sector[J]. Innovation：Management，Policy &Practice，2009，11（1）：114-126.

[50] Pellegrino L，Lazzarotti V，Pizzurno E. From outsourcing to open innovation：a case study in the oil industry[J]. International Journal of Technology Intelligence and Planning，2012，8（2）：182-196.

[51] Ham J，Choi B，Lee J N. Open and closed knowledge sourcing：their effect on innovation performance in small and medium sized enterprises[J]. Industrial Management & Data Systems，2017，117（6）：1166-1184.

[52] Popa S，Soto-Acosta P，Martinez-Conesa I. Antecedents，moderators，and outcomes of innovation climate and open innovation：an empirical study in SMEs[J]. Technological Forecasting and Social Change，2017，118（5）：134-142.

[53] Singh S K，Gupta S，Busso D，et al. Top management knowledge value，knowledge sharing practices，open innovation and organizational performance[EB/OL]. https://www.sciencedirect.con/science/article/pii/S0148296319302930[2019-05-16].

[54] Scuotto V，del Giudice M，Bresciani S，et al. Knowledge driven preferences in informal inbound open innovation modes：an explorative view on small to medium enterprises[J]. Journal of Knowledge Management，2017，21（3）：640-655.

[55] Alberti F G，Pizzurno E. Oops，I did it again! Knowledge leaks in open innovation networks with start-ups[J]. European Journal of Innovation Management，2017，20（1）：50-79

[56] Eftekhari N，Bogers M. Open for entrepreneurship：how open innovation can foster new venture creation[J]. Creativity and Innovation Management，2015，24（4）：574-584.

[57] Bigliardi B，Galati F. Which factors hinder the adoption of open innovation in SMEs?[J]. Technology Analysis & Strategic Management，2016，28（8）：869-885.

[58] Abouzeedan A，Klofsten M，Hedner T. Internetization management as a facilitator for managing innovation in

high-technology smaller firms[J]. Global Business Review, 2013, 14 (1), 121-136.

[59] Williamson O E. The Economic Institutions of Capitalism[M]. New York: Free Press, 1985.

[60] Hasche N, Linton G O, Öberg C. Trust in open innovation—the case of med-tech start-up[J]. European Journal of Innovation Management, 2017, 20 (1): 31-49.

[61] Comacchio A, Bonesso S, Pizzi C. Boundary spanning between industry and university: the role of technology transfer centres[J]. The Journal of Technology Transfer, 2012, 37 (6): 943-966.

[62] Usman M, Vanhaverbeke W. How start-ups successfully organize and manage open innovation with large companies[J]. European Journal of Innovation, 2017, 20 (1): 171-186.

[63] Michelino F, Cammarano A, Lamberti E, et al. Open innovation for start-ups: a patent-based analysis of bio-pharmaceutical firms at the knowledge domain level[J]. European Journal of Innovation Management, 2017, 20 (1): 112-134.

[64] Kim H, Park Y. The effects of open innovation activity on performance of SMEs: the case of Korea[J]. International Journal of Technology Management, 2010, 52 (3/4): 236-256.

[65] Lazzarotti V, Manzini R, Pellegrini L, et al. Open innovation models adopted in practice: an extensive study in Italy[J]. Measuring Business Excellence, 2010, 14 (4): 11-23.

[66] Vahter P, Love J H, Roper S. Openness and innovation performance: are small firms different?[J]. Industry & Innovation, 2014, 21 (7/8): 553-573.

[67] Fu X. How does openness affect the importance of incentives for innovation?[J]. Research Policy, 2012, 41(3): 512-523.

[68] Teirlinck P, Spithoven A. Research collaboration and R&D outsourcing: different R&D personnel requirements in SMEs[J]. Technovation, 2013, 33 (4/5): 142-153.

[69] Parida V, Westerberg M, Frishammar J. Inbound open innovation activities in high-tech SMEs: The impact on innovation performance[J]. Journal of Small Business Management, 2012, 50 (2): 283-309.

[70] Suh Y, Kim M S. Effects of SME collaboration on R&D in the service sector in open innovation[J]. Innovation: Management, Policy & Practice, 2012, 14 (3): 349-362.

[71] Alegre J, Sengupta K, Lapiedra R. Knowledge management and innovation performance in a high-tech SME industry[J]. International Small Business Journal, 2013, 31 (4): 454-470.

[72] Ramirez-Portilla A, Cagno E, Brown T E, et al. Open innovation in specialized SMEs: the case of supercars[J]. Business Process Management Journal, 2017, 23 (6): 1167-1195.

[73] Brunswicker S, Vanhaverbeke W. Open Innovation in small and medium-sized enterprises (SMEs): external knowledge sourcing strategies and internal organizational facilitators[J]. Journal of Small Business Management, 2015, 53 (4): 1241-1263.

[74] Chiaroni D, Chiesa V, Frattini F. The open innovation journey: how firms dynamically implement the emerging innovation management paradigm[J]. Technovation, 2011, 31 (1): 34-43.

[75] Joon M A, Tim M, Letizia M. Understanding the human side of openness: the fit between open innovation modes

and CEO characteristics[J]. R&D management，2017，47（5）：727-740.

[76] 于淼，马文甲. CEO 个性、资源拼凑与开放式创新——基于中小企业视角的研究[J]. 山西财经大学学报，2018，40（5）：83-94.

[77] Narula R. R&D collaboration by SMEs：new opportunities and limitations in the face of globalisation[J]. Technovation，2004，24（2）：153-161.

[78] Chesbrough H. Open Services Innovation：Rethinking Your Business to Grow and Compete in A New Era[M]. San Francisco：Jossey-Bass，2010.

[79] 余菲菲. 我国中小企业结盟能力与开放式创新模式耦合机制研究[J]. 软科学，2015，29（11）：20-25.

# A Review of Foreign Literature on Open Innovation in SMEs

Zhou Jie

（Business School，Southwest University of Political Science and Law，Chongqing 401120，China）

**Abstract**：This paper identifies the definition and operation modes of open innovation.Then it reviews the research literature on motivation，management（including network building，knowledge management and government）and performance of open innovation of small and medium-sized enterprises（SEMs）. Finally，it discusses the research gaps of extant literature on open innovation of SEMs，and points out the future research direction.

**Keywords**：small and medium-sized enterprise；open innovation；knowledge management

# 基于LA-ERG模型的协同知识创新两阶段激励机制研究*

游静，罗慧英

（重庆科技学院，重庆 401331）

**摘要：**已有的协同知识创新激励机制以满足需求为出发点，忽略了在长周期范围内需求未得到满足时如何降低主体退出意愿的问题。将损失厌恶理论和ERG [ existence（生存），relatedness（相互关系），growth（成长）] 激励理论相结合，构建基于损失厌恶的ERG模型（LA-ERG，loss aversion-ERG），以模型为基础建立两阶段协同知识创新激励机制：在进入阶段，以满足生存、相互关系及成长需求为出发点；在退出阶段，以规避损失为出发点，强化主体对资金投入损失、关系投入损失及情感投入损失的敏感性，降低主体退出协同知识创新意愿。以区域医疗协同平台建设为案例对模型和激励机制进行了应用和验证。

**关键字：**协同知识创新；激励机制；损失厌恶；ERG

**中图分类号：C931.6　　文献标识码：A**

# 1　研究背景

协同知识创新是不同组织在共同利益的驱动下，通过知识共享与扩散，有效地协同开发和利用各组织所拥有的知识资源而开展的知识创新活动[1]。在专业化分工越来越细的大背景下，协同知识创新已经成为知识创新的重要趋势[2]。如何激励主体积极参与协同知识创新成为促进协同、实现创新的首要问题。传统的激励理论建立在“需要—内驱力—反应—目标”动机过程循环的基础上[3]，以需要作为驱动行为的重要因素。无论是马斯洛需求层次模型还

---

* 基金项目：国家社会科学基金项目“‘互联网+医疗健康’服务模式创新研究”（19XGL003）。

作者简介：游静（1977—），女，重庆长寿人，重庆科技学院教授，博士，研究方向为技术创新、协同创新、知识管理；罗慧英（1977—），女，江西高安人，重庆科技学院副教授，硕士，主要研究方向为技术创新。

是爱尔德弗 ERG 理论，都以满足需求作为激励的重要途径。在“行为人”假设的前提下，主体参与协同知识创新同样受到需求多样性的影响[4, 5]，满足需求可以成为促进主体参与协同知识创新的重要驱动力，并且在考虑时间维度的前提下，未来需求满足则成为促进现实努力的驱动力。但不可忽视的是，协同知识创新的时间维度可能较长，未来需求满足需要在协同知识创新完成时才得以实现，在中间阶段需求未得到满足，甚至需求满足无望萌生退意的前提下，如何改善激励策略以促进主体持续参与协同知识创新，成为持续推进协同知识创新亟待解决的问题。

学者围绕知识创新与协同知识创新进行了广泛研究。在知识创新方面，早期以 Nonaka 为代表，他从知识创新的实体、过程、技术基础及组织基础等角度对知识创新的概念进行刻画，并于 1995 年提出了 SECI（socialization-externalization-combination-internalization，社会化-外在化-组合化-内隐化）模型，1998 年又进一步提出了借助“Ba”（场）进行知识的转化和创新[6]。近年来，国外学者越来越多地关注创新主体的行为等对知识创新的影响。例如，Kodama 以日本高科技企业为案例研究领导在团队知识创新中的影响[7]，Choo 等以六西格玛项目为背景研究方法驱动与心理动机驱动对知识创新的不同影响，指出方法驱动影响学习行为，而心理动机驱动影响知识创造[8]；Wu 和 Shanley 以美国电子设备工业为实证调查对象研究了企业知识存储、挖掘与创新之间的相互影响关系，并强调领导行为对知识创新的影响[9]；樊治平和索玮岚研究了协同知识创新的协同关系风险因素[10]，刘伟等引入需求层次理论将知识创新动机划分为对应于需求的五个层次[5]，游静以 ERG 理论为基础认为知识创新动机可以划分为生存、关系及成长三个层次[4]。由此可见，在知识创新领域学者也越来越关注行为因素对知识创新的影响，但这些研究更多地从创新收益出发分析需求、动机等行为因素对知识创新的影响，没有回答当需求、动机未能得到满足时如何制定激励机制调动主体参与协同知识创新的积极性。在协同创新激励机制方面，学者较多关注协同知识创新中的风险，并将需求、动机满足作为激励的重要立足点。例如，Durcikova 等通过实证研究指出，心理需求动机对知识扩散与共享产生重要影响，立足于心理需求动机满足可以有效促进知识扩散与共享[11]；郭韧和李朝明对企业协同知识创新中的风险进行识别和评价，指出创新主体的异质性、协同主体的动机与意愿是协同知识创新的重要风险来源，处理和应对风险有助于促进协同知识创新[12]；吴荣斌和王辉以科研机构为研究对象，对协同知识创新运行效果进行评估，指出心理动机满足有助于协同知识创新效果提升[13]；李朝明和刘静卜分析了协同知识创新中知识共享的特征、影响因素及其治理机制，强调借助个体意愿满足对提升协同知识创新知识共享的影响[14]。这些研究以需求满足作为激励协同知识创新的重要立足点，但忽略了满足需求所耗费的人力、物力、时间等资源，也缺乏对需求满足时间维度的考虑，对较长周期内需求尚未得到满足时如何激励协同创新仍缺乏深入研究。诺贝尔经济学奖获得者卡居曼和特维斯基提出损失厌恶理论[15]，在他们的前景理论中指出，在面对未来的风险选择时，人们通过一个价值函数来进行价值评估，这个函数有一个重要性质——损失厌恶（loss aversion），即人们会夸大对损失的主观感受，相对于收益而言，损失的感受将被强调和扩大。这一理论承认了收益与损失的相对性，为调整完善以需求满足为前提的激励机制提供了坚实的基础。对协同知识创新而言，我们看到需求满足的过程对主体而言是获得收益的过程，而这一过程不可避免地需要人力、物力、时间、关系、情感等的投入，这些投入的耗费过程即是损失发生的过程。针对损失厌恶理论，Kräussl 等进一步区分投资者既有财富，认为富人的损失厌恶相对穷人的损失厌恶更强烈[16]；李绩才等将损失厌恶引入供应链分配机制研究中，构建考虑损失厌恶的一对多供应链收益分享契约[17]。这些研究指出了损失厌恶客观存在性，并基于损失厌恶构建了收益分享机制，但这些研究将有形的财富作为衡量损失的唯一指标，而知识创新成果在专利化之前难以通过有形价值衡量，并且这些研究忽略了人力、财力、物力及时间等广义资源投入损失，因此，研究结论难以直接应用于协同知识创新过程。

基于此，本文以损失厌恶理论和 ERG 理论为基础，构建适用于协同知识创新的 LA-ERG 模型，将激励机制从单纯的需求满足调整补充为包含进入阶段“需求满足”和退出阶段“损失规避”的两阶段激励，以完善激励作用的基础与前提，提升主体参与协同知识创新积极性。

# 2 LA-ERG 模型建立

## 2.1 ERG 理论

ERG 理论（ERG theory）由耶鲁大学的 Clayton P. Alderfer 提出，这一理论建立在马斯洛的需求层次理论的基础上，对马斯洛需求层次理论进行修正。他将五个层次的需求调整为三个，即生存（existence）、相互关系（relatedness）和成长（growth），称为 ERG 理论。第一种需求是生存需求，主要涉及物质生存需求，包括马斯洛需求层次中的生存需求和安全需求这两项。第二种需求是相互关系，即维持人际关系与社会关系的需求，这类需求与马斯洛需求层次中的社会需求和尊重需求中的外在部分相对应。第三种需求是成长需求，ERG 理论提出了成长需求——个人发展的内部需求，包括马斯洛需求层次中尊重需求的内在部分和自我实现需求。

马斯洛需求层次是一个严格的阶梯式序列，较低层次的需求未得到满足，则不会出现更高层次的需求；而 ERG 理论则不认为需求有严格的阶梯序列，生存、相互关系、成长三种需求可以同时存在，甚至在生存和相互关系需求没有得到满足的情况下，个人也可以为成长而工作，或者三种需求同时起作用。ERG 理论还包括“挫折-倒退”纬度，即高层次需求如果不能得到满足，会促使低层次需求愿望更加强烈，呈现所谓的“受挫-倒退”性。

归纳起来，ERG 理论核心包括：人的需求可以归纳为生存、相互关系和成长需求，多种需求作为激励因素可以同时存在；较高层次需求不能得到满足，会导致较低层次的需求更为强烈，呈现“受挫-倒退”性。ERG 理论在诞生后被广泛应用于企业人力资源开发、约束与激励、代理人问题、企业内契约关系问题等领域，学者一方面讨论 ERG 理论本身的价值与局限，另一方面又应用 ERG 理论分析并完善激励机制，甚至将其应用在知识创新激励机制中。

可以看到，ERG 理论强调了个人的需求满足，即通过努力获得生存、相互关系或者成长方面的收益，通过激发个人的生存需求、相互关系需求、成长需求，满足个人预期收益，可以正向地激发个人的努力程度；同时，可以看到 ERG 理论忽视了个人获得收益所需付出的代价或成本，仅仅强调了需求满足，缺乏对满足需求所需付出代价的阐释。协同知识创新是不同组织在共同利益的驱动下，通过知识共享与扩散，有效地协同开发和利用各组织所拥有的知识资源而开展的知识创新活动。这一过程既是获得创新收益的过程，同时是通过对知识共享与扩散付出人力、时间等资源成本的过程。因此，直接将 ERG 理论用于协同知识创新激励过程具有不适应性，我们需要在 ERG 理论的基础上进一步考虑成本投入因素，使激励因素作用于协同知识创新过程更加接近实际情况。

## 2.2 LA-ERG 模型

2002 年诺贝尔经济学奖获得者卡尼曼和行为经济学大师特维斯基提出了前景理论。该理论指出：在面对未来的风险选择时，人们通过一个价值函数来进行价值评估，这个函数具有三个重要的性质，即参考依赖（reference dependence）、损失厌恶和敏感度递减（diminishing sensitivity），其中损失厌恶即个人对损失的不确定性判断，并且由于对损失客观上具有厌恶性，个人会更加强调损失的不确定性而弱化收益的不确定性，即对损失的敏感程度高于对收益的敏感程度。这一理论的核心是强调人们对收益与损失的感知差异性，认为人们对损失的感知强于对收益的感知。

损失厌恶理论较为全面地阐释了收益与损失的预期不确定性判断，但对收益和损失都仅局限于"金钱"，对社会关系、成长等非物质收益缺乏深入刻画。ERG 理论则丰富了收益的内涵，忽略了获得收益所需付出的成本（损失）。因此，我们将损失厌恶理论和 ERG 理论结合，将损失厌恶从"金钱"扩大到非物质领域，将其对收益和损失的预期引入 ERG 理论中，构建损失厌恶影响下的 ERG 模型（LA-ERG 模型），如图 1 所示。

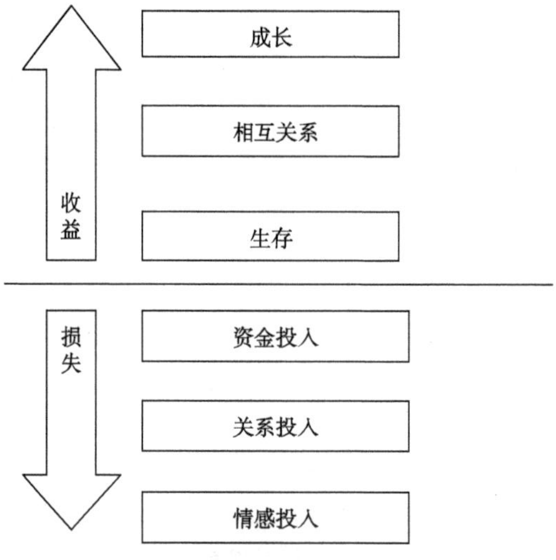


**图 1 损失厌恶影响下的 ERG 模型（LA-ERG 模型）**

（1）收益第一层级：生存。生存收益指主体参与协同知识创新可能获得的经济收益。当协同知识创新成果获得市场认同，则可能产生市场回报，即经济收益。主体参与协同知识创新后能够根据项目启动初期所签订的协议约定共享经济收益。这是吸引创新主体参与协同知识创新的首要驱动力。

（2）收益第二层级：相互关系。相互关系指创新主体间因共同参与知识共享、知识创造而形成的合作关系。在协同知识创新的过程中，主体间在知识共享、知识扩散过程中相互学习，加深对彼此学习能力、知识背景的相互了解，形成以知识传递为桥梁的相互学习关系；在共同讨论、共同形成新知识的知识创造过程中，主体的新知识创造能力也将进一步展现，较强的知识创造能力将得到其他创新主体的认同和肯定，从而形成联盟内的认同与被认同关系；创新联盟通过共同完成协同知识创新，在创新成果获得技术和市场的认可后，就会在行业内及社会范围内形成一定影响力，从而形成行业及社会范围内的认同关系。相互关系收益不一定在生存收益满足后才出现。创新主体参与协同知识创新所获得的经济收益可能并不能满足期望值，但为了形成相互学习关系、联盟内的认同关系及行业内乃至社会范围内的认同关系，创新主体仍会选择参与协同知识创新。

（3）收益第三层级：成长。成长指创新主体参与协同知识创新所获得的支撑未来发展的潜力。创新主体通过参与协同知识创新，可能获得学习能力提升、技术能力提升及影响力提升，从而更好地支撑和促进未来的发展，获得成长收益。成长收益也不一定在生存收益和相互关系得到满足后才出现。创新主体同样可能在经济收益需求、相互关系需求未得到满足的情况下强化成长需求。

（4）损失第一层级：资金投入。创新主体在参与协同知识创新的过程中会有人力、时间等资源投入，需要耗用办公设备、技术研发设备等资产，人工成本及资产折旧费用的分摊，形成资金投入。在项目启动之初，资金投入一般也通过协议进行约定。在损失厌恶的前提下，创新主体对协同知识创新所付出的资金投入相对于获得的经济收益更加敏感，即对比资金投入损失和生存收益，创新主体将强化资金投入损失，弱化生存收益。

（5）损失第二层级：关系投入。在维系协同知识创新的相互学习关系、内部认同关系及外部认同关系的过程中，创新主体需要对维护关系进行投入，即在协议约定的资金投入之外，根据创新任务需要所进行的额外投入。尽管这些额外投入不在协议约定的资金投入范围内，但为了继续维系相互学习关系、内部认同关系及外部认同关系，创新主体仍会接受并履行额外投入。我们将这种投入作为关系投入。在损失厌恶的前提下，对比关系投入损失和相互关系收益，创新主体会强调关系投入损失而弱化相互关系收益。

（6）损失第三层级：情感投入。在“行为人”假设前提下，创新主体在共同参与知识创新的过程中可能形成彼此信任、彼此帮扶等情感投入。知识共享与扩散将激发信任情感投入，创新任务分摊与协作也将激发帮扶情感投入。在损失厌恶的前提下，对比情感投入和成长收益，创新主体会强调情感投入而弱化成长收益。

## 2.3 模型因素细分

在 LA-ERG 模型的基础上，对各层因素进行进一步细分。

生存细分为：①成本补偿收益，即创新主体参与协同知识创新所付出的资源耗费，通过成本补偿收益弥补资源耗费；②利润收益，即参与协同知识创新在弥补资源耗费之外所获得的额外经济收益，以利润形式应对未来可能出现的损失或者支撑后续发展；③成果共享收益，即在协同知识创新完成后通过共享创新成果而获得的预期收益。

相互关系细分为：①相互学习关系，即在协同知识创新中，为了完成既定的创新任务，彼此间进行知识共享、知识扩散、新知识创造及应用，在此过程中形成相互学习关系，通过相互学习，在技术、管理等方面实现相互补充、相互融合；②伙伴式合作关系，即在完成既定创新任务之外，创新主体间所形成的默契配合关系，这种关系更多强调创新主体间的非正式关系；③战略合作关系，即并不仅着眼于本次协同知识创新项目，而是为了后续彼此间的长久协同合作所建立的稳定合作关系，基于这种战略合作关系，各方将共同应对未来的市场风险、技术风险、资金风险及管理风险等，形成共同进退、共同决策的攻守联盟；④行业认同关系，即通过协同知识创新在行业内形成一定影响力和领导力，得到协作伙伴之外其他主体的认同；⑤社会认同关系，即协同知识创新主体不仅在行业内得到认同，同时在社会责任、社会声誉等方面获得更加广泛的收益。

成长细分为：①市场成长，即通过完成协同知识创新，能够有效地改善服务与产品，提升市场成长性，形成更好的市场潜力；②人力资源成长，即通过协同知识创新使人员得到更好的锻炼与实践机会，能够在此过程中锻炼计划能力、协调能力、控制能力及风险应对能力，工作能力在协同联盟范围内、行业内及社会范围内得到更加广泛的认可，并使人员能够更加从容地应对未来的工作挑战；③知识成长，即通过协同知识创新完成知识共享、知识扩散、新知识创造及应用，形成良好的知识储备与知识沉淀，知识创造与应用速度进一步提升，助力创新主体形成以知识为代表的核心竞争力，支撑主体未来的持续发展。

资金投入细分为：①直接投入，即为了完成协同知识创新所投入的人工、设备折旧等资金耗用，是协同知识创新的直接经济投入。②间接投入，即在完成协同知识创新任务之外的额外资金投入，包括因返工等额外付出的资金消耗，以及其他间接性资金消耗。返工额外资金消耗是指在协同知识创新过程中，由需求变更、技术变更等造成的创新返工对人工、设备等形成的资金耗用；其他间接性资金消耗，如对人员进行创新任务之外的培训，尽管这项培训内容与协同知识创新任务不直接相关，但对人员后续成长仍是有利的，这种间接投入仍会使协同知识创新任务受益，因此，仍可作为协同知识创新的资金投入。

关系投入细分为：①内部行为投入，即为了维系、平衡协同知识创新联盟内部关系而采取的行为投入，如为了调节、处理协同知识联盟中出现的冲突所做出的妥协、让步等行为投入。由于协作环节下冲突不可避免，经济契约不可能对可能发生的冲突进行全面的应对，解决冲突不能完全依赖于经济契约，因此，为了解决联盟内部的矛盾冲突，需要各方基于未来的持续合作关系做出适当妥协与让步，这些行为投入的目的是更好地维系、平衡、协同知识创新联盟内部关系，因此作为内部行为投入。②外部行为投入，即为了更好地保证协同知识创新联盟整体利益与形象而采取的行为投入，如当协同知识联盟受到来自外部的质疑或者挑战时所采取的宣传、危机应对等行为，这些行为投入的目的是维护协同知识创新联盟与外部的良好关系，因此作为外部行为投入。

情感投入细分为：①信任情感投入，即在协同知识创新过程中所形成的信任心理。为了共同应对未来的不确定性，协同主体间需要在技术选择、市场选择、知识共享等方面相互信任，个体不能对技术选择、市场选择进行准确判断时，基于信任心理跟随协同伙伴的选择，同时在知识共享时能够在协议范围内无保留地共享知识、扩散知识，能够在知识创新时按照协议共享知识成果，这种情感投入将在感知到信任回报时得到强化。②利他情感投入，即在协同知识创新过程中形成的有利于合作伙伴成长的情感投入，如创新任务主动分担、创新任务完成主动帮扶等，这种情感投入可能会损伤自身利益，但有利于协作伙伴的参与。利他情感投入也将在感知到利他回报时得到强化。

由此，我们得到细分的 LA-ERG 模型，如图 2 所示。

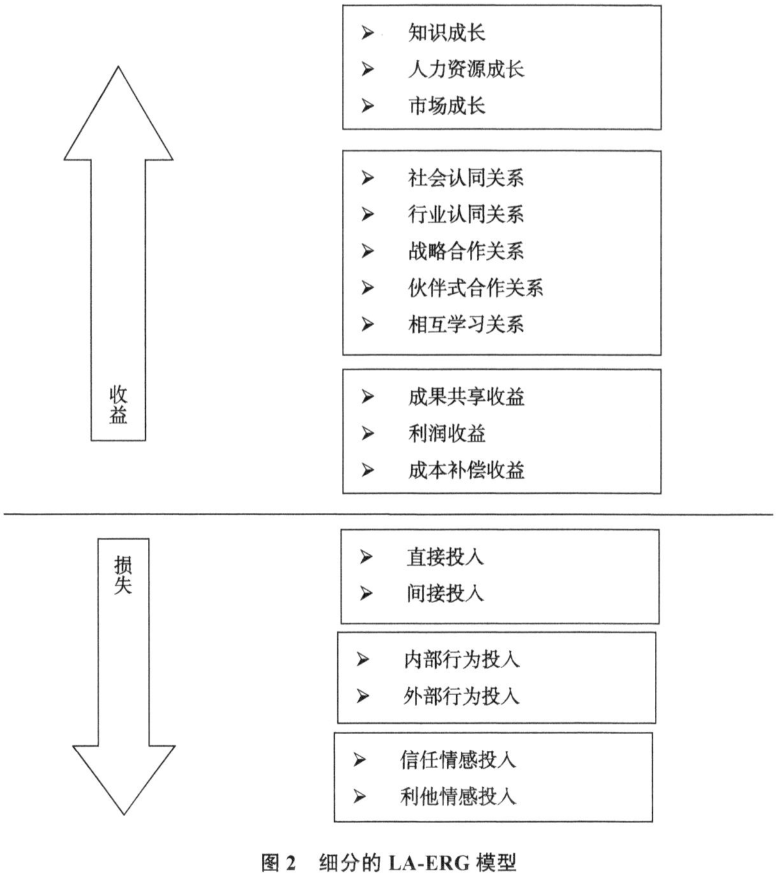


图 2 细分的 LA-ERG 模型

# 3 基于 LA-ERG 模型的协同知识创新激励机制

## 3.1 激励阶段划分

在 LA-ERG 模型的基础上，我们看到着眼于收益，可以通过激发创新主体的生存需求、相互关系需求及成长需求，使创新主体更加积极地参与到协同知识创新过程中；着眼于损失，可以通过扩大创新主体对资金投入损失的感知、对关系投入损失的感知及对情感投入损失的感知，使创新主体强化既有投入，尽可能规避可能出现的损失，从而防止主体退出协同知识创新过程。由此，我们将协同知识创新的激励过程首先进行两阶段划分，分别划分为进入阶段和退出阶段，不仅提升主体进入协同知识创新的积极性，而且降低主体退出协同知识创新的意愿。即在进入阶段，以激发创新主体的需求为主；在退出阶段，以规避创新主体的损失为主。具体体现如下。

第一阶段即进入阶段，实施需求激发与满足激励。在协同知识创新联盟建立之前，受到未来市场需求不确定、技术不确定性等因素的影响，主体可能消极地参与协同知识创新，指望在协同过程中“搭便车”。此时，激发主体的协同知识创新积极性，可以着眼于启发主体的生存需求、相互关系需求及成长需求，引导创新主体共同积极参与协同知识创新，获得成本补偿收益、利润收益、成果共享收益，在积极参与协同知识创新过程中形成相互学习关系、伙伴式合作关系、战略合作关系、行业认同关系及社会认同关系，并通过参与协同知识创新最终获得市场成长潜力、人力资源成长潜力及知识成长潜力。在此阶段，激励的重要举措是以生存需求、相互关系需求及成长需求为基础，全面识别创新主体的需求层次重点，响应其需求并启发需求的完整性。

第二阶段即退出阶段，实施损失规避激励。协同知识创新推进过程并非完全顺利，不确定的影响持续存在，市场需求变更、技术变更、管理需求变更等客观存在，协同知识创新实际成效与期望成效的差异也客观存在，在这些因素的影响下，创新主体可能对继续参与协同知识创新心存顾虑，甚至可能退出协同知识创新。此时，基于 LA-ERG 模型，需要着眼于损失规避，告知创新主体退出协同知识创新可能面临的损失，借助由于损失厌恶客观存在而体现的创新主体对损失的高敏感性，提升主体对前期参与协同知识创新所实施的资金投入、关系投入和情感投入的价值衡量，从而降低退出协同知识创新的意愿。

两阶段激励如图 3 所示。

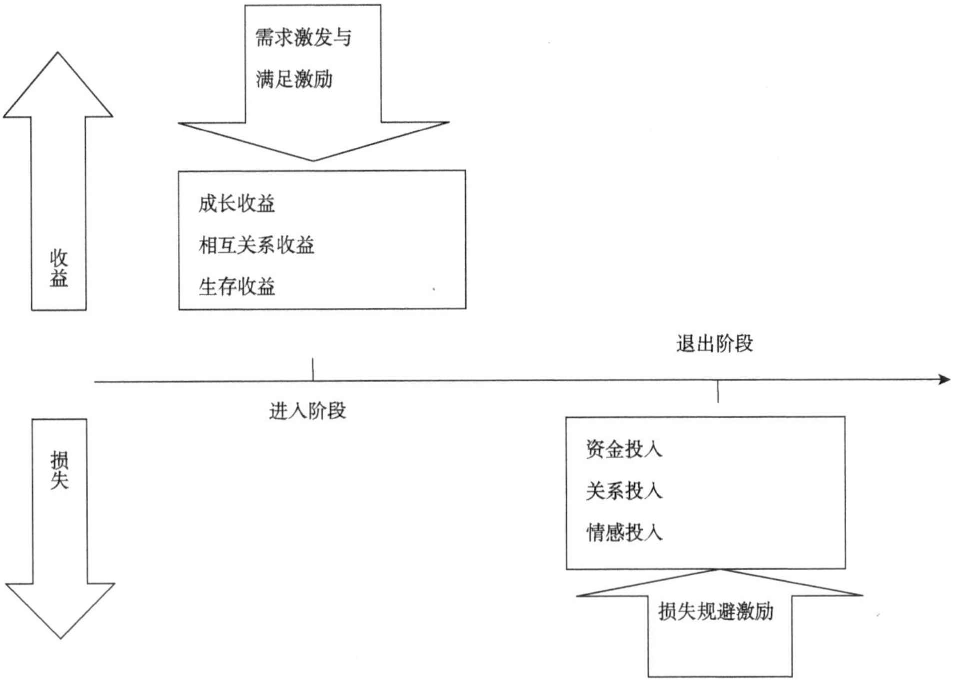


图 3 基于 LA-ERG 模型的两阶段激励

## 3.2 激励措施

在划分两阶段激励的基础上，进一步针对每一阶段制定激励措施，具体如下。

（1）第一阶段实施需求激发与满足激励，包括：①制定合理的经济补偿额度。在项目启动之初，合理确定实施协同知识创新可能的资源耗费与预期收益，通过固定补偿、未来共同利益分享等方式，对参与协同知识创新的成本补偿收益、利润收益及成果共享收益进行约定，保证主体参与协同知识创新的生存需求能够得以满足。②巩固协同关系。创造尽可能多的机会，促进协同联盟成员间相互学习、相互合作、相互认同，在知识背景、技术优势、管理实践及企业文化等多方面取长补短，相互交流、相互融合，提升协同联盟成员的归属感、责任感及荣誉感，培育协同联盟成员间的相互学习关系、合作伙伴关系、战略合作关系、行业认同关系及社会认同关系。③将成长性予以显性化。在参与协同知识创新的过程中，创新主体的市场表现、人力资源素质提升及知识提升更多地具有潜默性、隐含性，为了更好地激发创新主体参与协同知识创新的积极性，需要将这些潜默性收益显性化，如公布专利数、公布人员晋升数，将创新成果以创新主体命名等，彰显人力资源成长与知识成长，激发并满足主体的成长性需求。

（2）第二阶段实施损失规避激励，包括：①强化资金投入损失敏感性。使创新主体明确参与协同知识创新的直接投入和间接投入，包括为了完成协同知识创新所投入的人力资源、设备折旧等，以及返工等造成的间接投入。当主体有退出协同知识创新倾向时，通过明晰前期资金投入，使其提高对前期投入的心理衡量，降低退出意愿。②强化关系投入损失敏感性。扩大对协同联盟成员行业影响力的宣传，树立其行业内领导地位，提升创新主体的关系价值衡量，促使创新主体将成为联盟成员、建立与联盟成员的合作关系作为其重要收益，而将维系联盟成员合作关系的投入、提升联盟成员外部影响力的投入作为参与协同知识创新的重要投入。面临创新主体的退出倾向，激发其对既有关系投入的损失意识，从而降低其退出意愿。③强化情感投入损失敏感性。面临创新主体的退出倾向，通过信任、利他等事实重现手段，强调前期已经建立的信任情感、利他情感，激发主体情感损失敏感性，从而降低退出意愿。

## 4 案例

笔者曾对某市区域医疗协同平台建设项目进行深入调研。区域医疗协同平台是借助信息技术对区域范围内医疗资源进行整合、共享，实现病例数据整合、诊疗档案集成、医疗资源合理利用的信息系统集成平台。建设这一平台，需要卫生主管单位、各级医院及诊疗机构、信息系统集成服务商、医院信息系统服务商及通信运营商等多家主体，在健康档案管理、诊疗流程集成、跨平台数据整合等方面实施知识创新，基于数据整合、流程整合、资源整合的新思路构建区域医疗协同平台并推动这一平台得到应用实施。在对该市区域医疗协同平台建设的调研中，我们了解到，该市区域医疗协同平台项目并非一帆风顺，在项目启动并实施一段时间之后，甚至出现了停滞，项目主体可能面临着退出平台建设的选择，能否降低主体退出协同知识创新意愿成为保证项目持续推进的关键。

在项目启动初期，市卫生局、某医疗股份有限公司、某大型医院及十余家社区诊所共同参与到区域医疗协同平台建设中，为了实现区域范围内健康档案数据集成、诊疗业务流程跨平台集成，以及病患分流等医疗资源合理分布，以市卫生局为核心的平台主体制定相应激励措施调动其他平台主体参与协同知识创新的积极性，以促进其共同参与到数据集成规划、业务流程集成规划及实施创新过程中。通过前期协商谈判，以及外部专家咨询判断，各主体参与协同知识创新的需求分析如表 1 所示。

**表 1　平台主体收益关注重点**

| 收益 | 明细 | $M$ | $i_1$ | $i_2$ | $i_3$ |
|---|---|---|---|---|---|
| 成长收益 | 知识成长 | □ | | | |
| | 人力资源成长 | ■ | □ | □ | □ |
| | 市场成长 | | | | |
| 相互关系收益 | 社会认同关系 | ■ | | □ | □ |
| | 行业认同关系 | ■ | □ | □ | □ |
| | 战略合作关系 | □ | ■ | | |
| | 伙伴式合作关系 | □ | ■ | | ■ |
| | 相互学习关系 | ■ | ■ | ■ | |

续表

| 收益 | 明细 | $M$ | $i_1$ | $i_2$ | $i_3$ |
|---|---|---|---|---|---|
| 生存收益 | 成果共享收益 | | ■ | | |
| | 利润收益 | | ■ | | |
| | 成本补偿收益 | | ■ | | ■ |

注：■表示高度重视，□表示一般重视，空表示不重视；$M$ 表示市卫生局，$i_1$ 表示某医疗股份有限公司，$i_2$ 表示某大型医院，$i_3$ 表示代表性社区诊所

可以看到，主体 $M$ 由于没有生存压力，其对生存收益重视程度不高，对收益的关注重点在于人力资源成长、社会认同关系、行业认同关系及相互学习关系；主体 $i_1$ 的企业性质促使其对生存收益关注程度高，同时对战略合作关系、伙伴式合作关系及相互学习关系的收益重视程度高，更加强调短期的收益而忽略长期成长性的收益；主体 $i_2$ 也缺乏生存压力，其对收益的关注重点在于相互学习关系，对生存收益、成长收益都缺乏关注；主体 $i_3$ 希望能够获得成本补偿收益，对于参与协同知识创新的成本投入关注程度高，同时希望能够在参与协同知识创新过程中获得伙伴式合作关系。

总体来看，受主体性质影响，不同主体对生存收益的关注程度不一样，同时大多数主体对于相互关系需求有一定的关注，但对于未来的成长性需求则缺乏关注。基于这种现状，在项目启动初期，应实施有针对性的激励措施调动主体参与协同知识创新积极性，包括：与主体 $i_1$ 签订正式协议，保证其投入协同知识创新的成本补偿收益，并约定协同平台后期使用的成果共享收益，使主体 $i_1$ 不仅能够享有成本补偿收益，而且能够享有成果共享收益；与主体 $i_2$ 签订合作协议，以合作伙伴的形式，满足主体 $i_2$ 相互关系需求；启发主体 $i_3$ 未来成长性需求，鉴于主体 $i_3$ 强调当前收益而忽略未来长期成长性收益的现状，将建设区域医疗协同平台对社会的影响、对患者的影响及对医疗机构的影响进行充分阐释，使主体 $i_3$ 能够更多地对未来成长性需求进行思考，以提高参与协同知识创新的积极性。

在项目实施半年左右，健康档案标准基本建立，部分社区诊所信息化建设完成，但所完成的任务相距项目初期设立的目标还有一段距离，项目主体对项目建设成效的满意程度较低，部分主体甚至萌生退意，不再积极参与到区域医疗协同平台建设中，以前抽调的负责平台建设的人员也回到之前的岗位，项目例会也经常请假，对协同知识创新呈现消极参与的态势。针对这种情况，项目组有必要制定相应措施，避免消极情绪的进一步延伸。此时，由于项目成效还不显著，从收益角度制定激励措施已经无法对主体发挥作用，在外部专家的建议下，只有从损失角度制定相应措施。分析各主体对损失关注的重点，如表 2 所示。

**表 2　平台主体损失关注重点**

| 损失 | 明细 | $M$ | $i_1$ | $i_2$ | $i_3$ |
|---|---|---|---|---|---|
| 资金投入 | 直接投入 | ■ | ■ | | ■ |
| | 间接投入 | ■ | ■ | ■ | ■ |

续表

| 损失 | 明细 | $M$ | $i_1$ | $i_2$ | $i_3$ |
|---|---|---|---|---|---|
| 关系投入 | 内部关系投入 | ■ | | ■ | ■ |
| | 外部关系投入 | ■ | □ | ■ | |
| 情感投入 | 信任情感投入 | □ | | | |
| | 利他情感投入 | | | □ | |

注：■表示高度重视，□表示一般重视，空表示不重视

从对损失的关注重点来看，主体对资金投入损失普遍较为关注，对于关系投入损失也有一定程度的关注，但对于情感投入的关注程度还较低。针对这一状况，为了降低主体退出区域医疗协同平台建设的意愿，市卫生局在项目主体范围内将项目前期资金投入进行了公开，使主体更加清楚地了解各自对协同知识创新的直接投入及间接投入。与此同时，市卫生局通过组织非正式的项目成员活动、项目交流会、跨主体项目成果评奖等一系列活动，强化内部关系建立、信任情感建立及利他情感建立，使创新主体不仅关注现有的平台建设成效，同时关注在区域医疗协同平台建设中形成的相互合作关系及情感联系，希望通过损失规避心理降低主体退出协同知识创新的意愿。从调研结果来看，市卫生局所采取的这一系列举措确实发挥了较好的成效，创新主体没有退出平台建设，而是以更加积极的态度，参与到健康档案标准建立、健康档案收录及业务流程跨平台集成建设中来。

## 5 结语

现有的激励机制以需求满足为立足点，无法适用于长周期前提下需求未满足时的中间阶段。本文以损失厌恶理论和 ERG 激励理论为基础，构建损失厌恶前提下的 ERG 激励模型（LA-ERG 模型），并将激励划分为两阶段激励，即进入阶段的需求满足激励和退出阶段的损失规避激励，从而构建考虑需求和损失的协同知识创新激励机制。以某市区域医疗协同平台建设为案例，介绍两阶段协同知识创新激励机制的应用。本文仅构建了 LA-ERG 框架模型，通过案例对模型应用进行了验证，还缺乏进一步的大样本的实证验证。笔者愿意在后续研究中进一步深入，以强化对 LA-ERG 模型的验证过程，也使所构建的两阶段激励机制更具有效性。

## 参考文献

[1] Salavisa I，Sousa C，Fontes M. Topologies of innovation networks in knowledge-intensive sectors：sectoral differences in the access to knowledge and complementary assets through formal and informal ties[J]. Technovation，2012，32（6）：380-399.

[2] Lavtac N，Ljubic P，Urbancic T. Trust modeling for networked organizations using reputation and collaboration estimates[J]. IEEE Transactions on Systems，Man and Cybemetics Part C：Applications and Reviews，2007，37（3）：429-439.

[3] Coon D，Mitterer J O. 心理学导论[M]. 郑钢译. 北京：中国轻工业出版社，2008.

[4] 游静. 基于 ERG 理论的异构信息系统知识创新激励机制研究[J]. 科学学与科学技术管理，2010，(2)：86-93.

[5] 刘伟，薛君，游静. 基于需求层次模型的异构信息系统集成知识创新激励机制研究[J]. 研究与发展管理，2010，(1)：106-113.

[6] Nonaka I，Konno N. The concept of "ba"：building a foundation for knowledge creation[J]. California Management Review，1998，40（3）：40-54.

[7] Kodama M. Innovation and knowledge creation through leadership-based strategic community：case study on high-tech company in Japan[J]. Technovation，2007，27：115-132.

[8] Choo A S，Linderman K W，Schroeder R G. Method and psychological effects on learning behavior and knowledge creation in quality improvement projects[J]. Management Science，2007，53（3）：437-450.

[9] Wu J，Shanley M T. Knowledge stock，exploration and innovation：research on the United States electromedical device industry[J]. Journal of Business Research，2009，62（4）：474-483.

[10] 樊治平，索玮岚. 协同知识创新中的协同关系风险因素识别方法[J]. 系统管理学报，2008，17（1）：60-65.

[11] Durcikova A，Fadel K J，Butler B S，et al. Knowledge exploration and exploitation：the impacts of psychological climate and knowledge management system access[J]. Information Systems Research，2011，22（4）：855-866.

[12] 郭韧，李朝明. 企业协同知识创新中的风险识别与评价[J]，运筹与管理，2011，20（3）：181-185.

[13] 吴荣斌，王辉. 知识创新协同模式运行效果评估研究[J]. 中国科技论坛，2011，(9)：32-36，55.

[14] 李朝明，刘静卜. 企业协同知识创新中的知识共享研究[J]. 中国科技论坛，2012，(6)：96-101，154.

[15] 薛求知，黄佩燕，鲁直，等. 行为经济学——理论与应用[M]. 上海：复旦大学出版社，2003.

[16] Kräussl R，Lucas A，Siegmann A. Risk aversion under preference uncertainty[J]. Finance Research Letters，2012，9（1）：1-7.

[17] 李绩才，周永务，肖旦，等. 考虑损失厌恶一对多型供应链的收益共享契约[J]. 管理科学学报，2013，16（2）：71-82.

# Research on Two-stage Encouragement for Cooperation Knowledge Innovation Based on LA-ERG Model

You Jing，Luo Huiying

（Chongqing University of Science and Technology，Chongqing 401331，China）

**Abstract:** The existing collaborative knowledge innovation incentive mechanism is based on requirement satisfaction while ignoring the problem of their willingness to withdraw when their requirements may not be satisfied. Within the long-term period. LA-ERG( loss aversion-existence, relatedness, growth )model is based on the loss aversion theory and ERG encouragement theory. The two-stage collaborative knowledge innovation incentive mechanism is based on the LA-ERG model. In the entering stage, it should focus on meeting the survival, mutual relationship and growth needs; in the exiting stage, it should focus on strengthening the company's sensitivities to the loss of capital investment, relationship investment, emotional investment, in order to reduce their willingness of withdrawing from the collaborative knowledge innovation.

**Keywords**: cooperation knowledge innovation; encouragement; cost aversion; ERG

# 基于合作创新的移动互联网企业门径管理*

王志玮[1]，裴娇梅[1]，施超娴[2]

（1.福州大学 经济与管理学院，福州 350108；2.福建和盛高科技产业有限公司，福州 350003）

**摘要**：立足中国情境，对某通信产品企业间合作创新开展纵向案例研究，刻画了门径管理流程中合作双方企业的具体创新行为，并梳理、归纳和构建了基于企业间合作创新的新产品开发门径管理模型。

**关键词**：门径管理；合作创新；新产品开发

**中图分类号**：F273.2　　**文献标识码**：A

## 1　研究背景

有效的新产品开发是企业建立并维持竞争优势的重要因素[1, 2]，企业竞争战略的重点已经从传统的"以生产和营销为中心"转向了"以产品创新为中心"[3]。面对新产品开发平均周期显著缩短、成功率偏低、技术复杂性增加等巨大挑战，企业必须充分借助高效、结构化的新产品开发流程，如门径管理流程（stage-gate process，或译为阶段-关口流程）等，以保证创新战略执行与资源协同。

由于新技术的不断涌现，消费者对新产品的期望不断提高，企业很难完全依靠自身资源完成新产品开发[4]。越来越多的企业和科研机构通过相互合作获取更多创新要素，合作创新已经成为一种不可逆转的趋势[5]。通过合作创新，获取外部知识和能力、降低研发的风险和成本；对外开放边界，拓宽与外部的交流从而实现根本性的新产品创新，获取核心竞争力[6]。

门径管理流程与合作创新理论均已被产业界、学界所认可。然而，现有关于合作创新的理论更多聚焦于影响合作创新的前因变量与绩效研究，较少考察合作创新具体过程的管控；

---

* 基金项目：福建省社会科学规划项目"高管团队认知对颠覆性技术创新机会识别的影响机理研究"（FJ2018B030）。

作者简介：王志玮（1979—），女，福建仙游人，福州大学经济与管理学院副教授，博士，研究方向为技术创新与创业管理；裴娇梅（1998—），女，福建安溪人，福州大学经济与管理学院，研究方向为创新管理；施超娴（1986—），女，福建仙游人，福建和盛高科技产业有限公司项目管理人员，硕士，研究方向为创新管理。

有限的关于合作创新的过程研究也更多地聚焦于宏观、产学研合作层面，对企业间微观合作过程与机制探究较少。学术界对合作创新微观过程的理论探讨不足，未能给企业间合作创新具体实践予以科学指导。

门径管理流程给予企业新产品开发科学、系统、普适的指导框架，而对于开放创新背景下，企业间合作创新在微观操作层面各个阶段需关注的重点、关键决策点及注意事项等尚缺系统理论研究；特别地，基于中国情境下，借助门径管理对企业间合作创新管理的案例研究尚少。

本文以互联网企业 Y 公司主导的与 H 公司协同开发的某通信产品合作创新案例为研究背景，通过案例探究基于门径管理的合作创新过程，以期为我国企业间合作创新实践提供微观层面的理论指导。

# 2 理论基础

## 2.1 新产品开发门径管理

1988 年，Robert G. Cooper 在《营销管理杂志》上发表的文章 *The New Product Process: a Decision Guide for Management* 中，首次系统提出门径管理理念[7]。基于大量实践调研和最优经验的高度概括性提炼与总结，门径管理流程成为创新领先企业重要且具有普遍意义的新产品开发指导框架与管理模式[8]。2010 年美国生产力与质量中心（American Productivity & Quality Center，APQC）标杆研究及 2012 年美国产品开发管理协会（Product Development and Management Association，PDMA）的比较绩效评估研究表明门径管理流程是一个能有效提高企业新产品开发管理能力和业绩的管理模式，北美新产品高绩效公司几乎都采取了该方法进行流程管理[9]。门径管理流程将整个研发活动的过程分解成一个个前后相接的阶段，每一个阶段都由一组预先规定的、跨职能的、同时进行的研发活动组成，每个阶段之间设立评审项目、决定项目执行或终止的决策点，即门径或关口。当新产品开发项目进行至关口处时，项目管理者召集相关人员对进展情况进行评审，如果项目达到预定的目标和要求，该项目继续到下一阶段，否则分析原因、找出对策或者直接终止该项目[10]。门径管理主要由 5 个阶段和 5 个关口所组成，如图 1 所示。

## 2.2 企业合作创新

在过去的 30 年中，国内外关于合作创新的研究大量涌现。合作创新是指企业间或企业、研究机构、高等院校之间的联合创新行为。学者围绕合作创新的原因与动机、组织模式及其选择、组织间知识转移、技术能力培育等开展了全面的理论探讨，现已经形成较为成熟、系统的合作创新理论框架[11-17]。近年来，学者就合作创新绩效、合作伙伴的选择、知识产权管

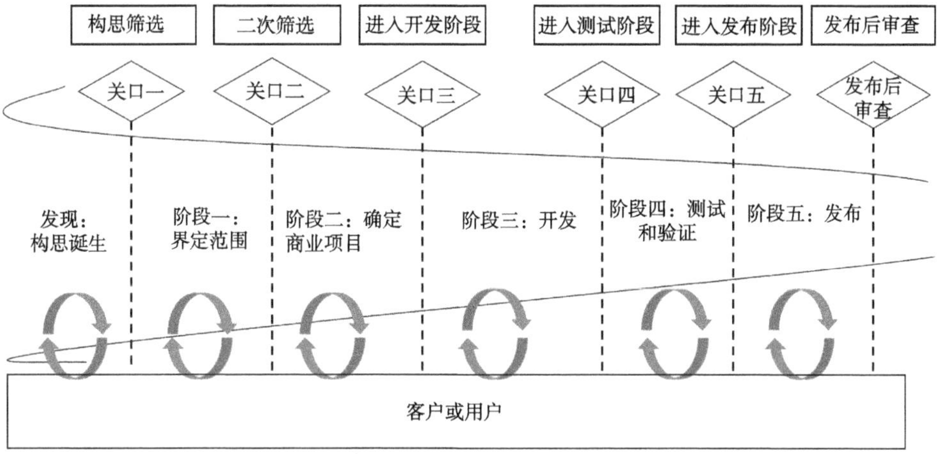


**图 1 门径管理：典型的阶段-关口流程**

理及风险控制、合作利益分配、领导权博弈、知识创造等具体问题开展了更为深入的探讨[18-28]。

合作创新以合作伙伴的共同利益为基础，以资源共享或优势互补为前提，有明确的合作目标、合作期限和合作规则，合作各方在技术创新的全过程或某些环节共同投入、共同参与、共享成果、共担风险。企业合作创新是由两个或两个以上的企业为了创新活动而组成的有效的组织形式，这个组织形式形成目的是完成共同的研发创新，提供有利资源的同时产生“合作契约安排”[29]。Teece 从促进技术创新的角度指出新的技术可以由原有的不同技术结合产生，所有合作创新的目的是将各个企业所独有的科技进行调和，提高整体的创新实力[30]；Das 和 Teng、Hagedoorn 提出合作创新从企业发展的战略视角来看，是多家企业通过合作将各自的技术和资源整合为一体，以达到资源最优化、效益最大化的目的[31, 32]。从知识基础理论（knowledge-based view）视角，不同企业拥有不同的专有技术知识和资源，而企业间的合作能够促进不同企业知识和资源的相互交融，从而填补自身技术和能力的缺陷，实现优势互补，促进产品新功能和新技术的开发[18, 19, 31, 32]。从资源缓冲的视角，合作方提供的各种资源在扩充企业资源基础的同时，也为其提供了创新的解决方案，使其在应对外界环境的不确定中更具灵活性，从而有效提升企业的市场竞争地位[6, 15, 20]。

## 2.3 基于合作创新的新产品门径管理

在新产品开发的企业内部微观管理层面，门径管理流程已被多数创新导向型企业所运用。在开放创新背景下，企业同时利用内、外部互补的创新资源能使其保持竞争优势，进而合作创新涌现，学者从用户参与、产学研视角探讨在新产品开发的流程中纳入合作创新的框架。罗小芳和李柏洲以企业的产学研合作原始创新过程为研究对象，基于系统理论，构建了包含选择过程、运行过程、绩效评价过程和系统演化过程的创新过程模型[33]。从客户参与视角出发，董洁林和陈娟基于小米案例探讨了互联网生态中的“无缝开放式创新”模式，小米不仅创新思路来自客户，而且在产品创新全过程都让客户深度参与进来，在产品研发各阶段用众包方式与客户无缝合作，充分利用客户的认知盈余；采用小团队全程负责，每个创新阶段无缝对接，迭代开发、循环往复[34]。孙耀吾和张睿以智能手机企业为研究对象，结合门径管理模型和漏斗模型构建移动互联网企业用户参与创新及其成果转化模型[35]。

然而，从企业间合作视角如何将新产品开发的管理流程与合作创新框架融合却少有理论探索与系统整理。合作创新机制使合作双方企业获得互补性的知识与技术，弥补单个企业创新资源不足的限制，有利于企业创新活动的顺利开展；并且通过合作研发的分担机制，分摊研发成本，大幅降低研发中的风险，提高合作双方企业的创新能力，提高企业自身研发的边际收益[36]。在实践层面，越来越多的企业，特别是高科技互联网公司，依托公司内部的新产品开发门径管理流程推进企业间合作创新，而学术界对实践经验的提炼与总结尚有欠缺。为此，本文对某通信产品企业间合作创新案例进行分析，刻画门径管理流程中合作创新企业的具体行为，梳理、归纳与优化基于企业间合作创新的新产品开发门径管理模型；力图从我国企业的合作创新管理实践中提炼出可能产生的门径管理流程的理论创新点，以加强对企业间合作创新管理应用与实践的支撑。

# 3 案例分析

## 3.1 研究方法及案例背景

针对以上研究问题，本文拟采用单案例纵向研究方法进行分析。首先，对于解释“怎么样”和“为什么”这两类研究问题，最适合用案例研究方法；其次，本文拟研究合作创新下新产品开发的不同阶段及决策点的关键管理环节，采用纵向案例研究方法有助于观察合作双方在各个阶段的行为特点，从而能够更好地提炼各阶段的管理优化对策；最后，与多案例相比，单案例更适宜对研究对象作深度剖析、提炼规律，且适合于纵向过程分析，有助于捕捉和追踪管理实践中涌现出来的新现象和新问题[37]。鉴于此，本文采用单案例研究方法，以Y公司主导的与H公司进行合作研发的通信新产品为例，开展单案例纵向分析。

Y公司是国内一家大型通信公司，拥有一套较为系统、完整的以用户为中心的产品开发运营体系，具有较为成熟的市场推广渠道和营销管理能力，但欠缺互联网产品开发经验、创新型人才、数据分析与技术开发能力。近年来，Y公司通信业务的发展进入了瓶颈期，业务增速减缓，并出现了稳定客户增量减少、客户活跃度降低等问题。为此，面对快速变化及高度竞争的市场环境，Y公司在创新战略的执行上，决定采用新的管理方式，在公司原有的门径管理流程基础上，引入外部合作伙伴共同进行新产品开发。

依据公司对自身创新资源及能力的评估结果和待研发项目的知识技术特性，Y公司拟选择契约模式开展合作研发。契约式合作组织通过某种协议实现双方的研发合作，组织结构相对灵活，研发活动具有较强的目标性和阶段性[38]。在明确合作模式基础上，结合门径管理（图1）对双方在各个阶段的合作创新行为进行分析。

## 3.2 构思产生阶段的合作

在选择契约式合作研发模式后，Y 公司进入构思产生阶段，此过程同时是研发合作伙伴筛选的准备过程。在具体操作上，Y 公司由研发部门牵头，协同公司市场部、内部管理部等相关部门，与外部多个潜在研发合作伙伴共同开展新产品构思，确保合作伙伴集思广益，经过多次头脑风暴及相关会议，共同发展并“可视化”最初的产品构思，提出新产品构思表，初步拟定行动计划表。

Y 公司从潜在研发合作伙伴的企业规模、地理距离、技术距离、企业间信任关系等方面综合考虑[38]，结合专家意见，最终选择符合公司研发战略的合作伙伴 H 公司。在此过程中，Y 公司的项目负责人也筛选一些次于最佳，但有可取之处的产品构思，存入设计库，以备将来产品设计修改时参考；其设计者也作为产品的潜在合作者，列入储备库中，为后续工作的协同打下坚实的基础。具体过程如图 2 所示。

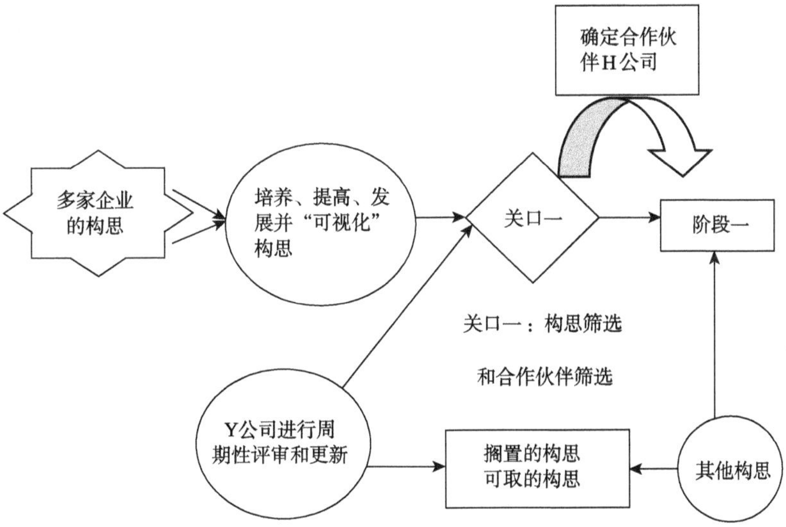


图 2 构思产生阶段

## 3.3 界定范围阶段的合作

这一阶段 Y 公司与 H 公司合作双方对项目构思进行快速的范围确定，主要分为以下三个步骤：前期市场评估、前期技术评估、前期财务分析。

（1）前期市场评估：以 Y 公司为主。充分发挥自身在市场上的优势，Y 公司研发部协同市场部开展前期市场评估，收集来自用户、市场、技术、内部管理、H 公司等各方的产品需求信息。首先，通过期刊、行业研究报告和其他出版物收集产品所在市场、产品类型和其他运营商竞争力等信息并形成报告；其次，通过前端客服部，对可以信赖的客户进行电话访谈并组织少量客户开展焦点小组会议，获取前期市场信息；再次，开展竞争对手及竞争性产品分析，获取其他运营商乃至国外运营商的广告、商业资料等竞争情报，找出竞争对手关于产品特色和性能特征的描述及其对产品的定位；最后，组织内部员工小组讨论会议，开展客户习惯、偏好、竞争形势和价格方面的利弊分析；此外，寻求行业专家意见，让专家对前期市场需求预估工作开展评估、提出建议。

（2）前期技术评估：以 H 公司为主导，Y 公司协同配合。借力 H 公司的技术优势，研发部和 H 公司共同进行前期技术评估，对产品技术可行性提出问题：产品要求是怎么样的、技术如何才能达到要求、技术可行概率是多少、是否具备开发产品的技术能力、能否提供有利网络通道和后期产品管理等，并确定初步的、框架性的产品性能目标。

（3）前期财务分析：以 Y 公司内部跨部门协同为主，H 公司辅助完成。Y 公司研发部与市场部对产品推广方式、预算、所需投资和可能的投资回收期进行初步的推测。此过程再次对构思进行详细审查和分类，找出最值得投入时间和资金的创意，通过 Y 公司和 H 公司双方提供自身可利用的资源快速确定产品的市场前景。双方协同开展合作创新的初步可行性分析，再次确认此次合作能够形成双方共赢的局面，继而通过相互配合与资源协同，可将产品利益最大化。

## 3.4 确立商业项目阶段的合作

此阶段 Y 公司集结内部各部门及合作伙伴 H 公司的意见，围绕用户需求对已提出的产品概念进行重新定义，从而为项目进入下一阶段建立坚实的根基（图 3）。

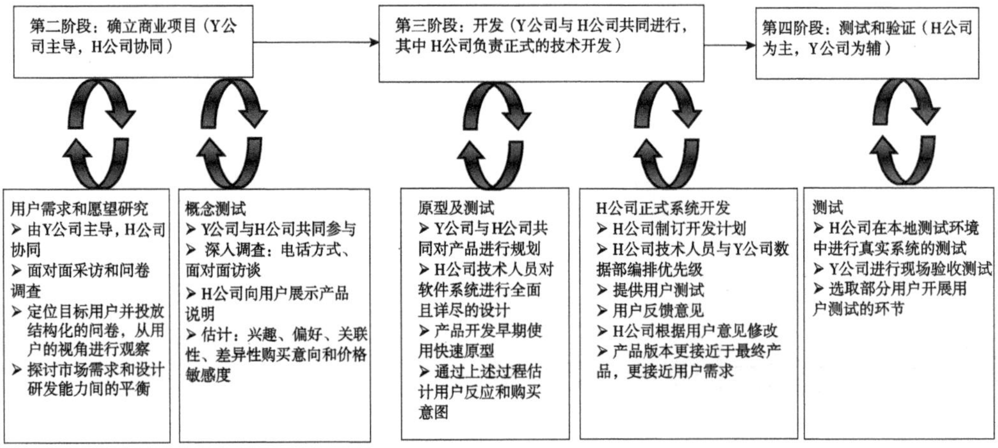


**图 3 第二至第四阶段螺旋的过程**

（1）用户需求和愿望研究。作为重要的信息源，企业在进行识别和分析市场机会时重点引入用户，开展用户需求和创意信息收集[39]。Y 公司发挥其市场优势，由 Y 公司主导，H 公司协同，让技术专业但不擅长市场研究的 H 公司积极参与。通过前期电话访谈和小规模的面对面采访，定位目标用户并投放结构化的问卷进行深入调查，从用户的视角观察，挖掘潜在用户，研究用户的想法与要求、疑问、比较的标准、偏好和价格接受范围，探讨市场需求和设计研发能力间的平衡。

（2）进行竞争分析。Y 公司与 H 公司共同密切观察市场与技术发展状况，系统搜集竞争对手情报，并预测竞争对手的发展趋势、定价情况等，确定竞争对手的产品及其服务的优劣势，明确自身产品的优劣势。

（3）回溯市场分析。以 Y 公司为主，首先选择适当市场作为目标市场；其次，确定产品如何在市场、用户心中占据有利位置，明确产品利益及价值定位；最后，制订投入市场的初步计划，借助大众媒体宣传的方式向用户推广。

（4）具体的技术评估。H 公司主导，Y 公司配合。首先，由 H 公司研发人员根据前期的竞争分析、市场分析对产品进行评估，以客户需求为导向，将系统开发活动分解成各个小活动并在此基础上建立原型；其次，在规划总体的技术路线的同时对潜在问题设计解决方案；再次，评估能满足用户需求的产品的技术解决方案及技术开发能力；最后，初步评估实现原型产品制作所需花费的时间和经费。

（5）概念测试。由 Y 公司与 H 公司共同参与，再次结合用户的力量，对更广泛、更具代表性的用户进行调查：通过电话、面对面访谈，对用户的兴趣、偏好、关联性、差异性购买意向和价格敏感度开展针对性的测评。通过 H 公司技术人员向用户展示产品原型、产品说明和产品手册简稿，测试已提出的产品概念。

（6）财务和商业分析。财务和商业分析是一个对合作公司核心能力再次评估的过程，是审核项目的商业依据。此阶段 Y 公司对 H 公司能力和价值进行了更为详细的评审，根据专家提出的意见确立合作战略并提出了相关风险评估，以便后续以最佳状态面对可能面临的风险。

新产品从第二阶段确立商业项目就开始了螺旋迭代过程（图 3）。首先是用户需求和愿望研究，即通过整个项目团队与用户面对面的访谈，帮助我们了解用户无法满足、无法表达和被隐藏的需求。其次是概念测试阶段，这一过程完善了产品设计，限制产品定义的冗余部分，确定了用户购买意向和潜在销量。

此后第三阶段开发阶段与第四阶段测试和验证阶段，项目合作双方都遵循新产品开发过程快速测试迭代的原则，在各阶段各步骤按需及时螺旋迭代（图 3），以确保快速、高效、高质量推进项目合作研发。

## 3.5 开发阶段的合作

该阶段 Y 公司与 H 公司双方研发人员对产品整体框架进行规划，主要包含流程设计、组织结构、模块设计、功能分布、接口设计、子程序设计、数据结构的分析与设计、输出预览等，为软件的详细设计提供基础。在此基础上，H 公司充分发挥其技术开发优势，后续主要由 H 公司技术人员对软件系统进行全面、详尽的设计，对具体功能模块所涉及的工作进行详细描述并对每个程序的设计进行预安排，以提升开发和测试进度，确保软件可以满足产品开发过程中的所有技术要求。H 公司技术人员与 Y 公司研发部定期进行内部会议，编排确定系统功能的优先级和重点；确保项目开发中的每项任务、每个步骤的执行质量，此阶段还充分吸纳相关外部专家的意见；过程中充分使用流程图、项目时间管理软件、开发时间表等科学管理手段与方式以缩短开发时间。

开发阶段也是个螺旋上升过程，即建立、测试、获取反馈和修改的快速迭代过程（图3）。产品开发改变了以往线性流程的方式，采用循环式开发以确保开发中出现问题时能够及时修改；避免了线性流程在最终交付产品时，用户才能反馈最终产品与预期产品之间差距的问题。

### 3.6 测试和验证阶段的合作

在测试和验证阶段，首先以H公司为主、Y公司为辅开展技术测试。H公司的测试团队对开发好的系统进行全覆盖测试，编写测试报告，保证产品性能能够满足要求。测试人员将代码放置于实际测试环境中供前期参与体验的用户使用——当用户正常使用、误用甚至滥用的时候都工作良好，表明产品性能已获得用户认可；紧接着进行模拟市场和试运行测试，对供应源、市场费用和利润边际进行评价。测试也是个螺旋的过程（图3），通过不断反复的迭代，尽可能将错误风险降到最低。

在H公司完成技术测试后，由Y公司主导进行现场验收测试与市场测试。借助Y公司广大的用户群，有针对性地划分出一个区域的群体，免费为这一群体提供产品试用服务，即试点，为后续产品正式投放市场打下坚实基础；划分出另外一个区域的群体开展市场试销，双方合作为其提供收费但更高品质的服务，即试商用，为全市场的推广积累经验。

### 3.7 发布——进入市场阶段的合作

由Y公司数据部牵头，H公司配合，对项目的进度和客户增加趋势、总体质量水平、硬件设备的兼容度、运营情况、客服反馈、信息安全管理、预设目标的达成情况等进行综合讨论，制定商用需求。Y公司和H公司共同探讨产品进入市场的计划，开展市场调查，预估市场形势，定义目标市场、细分市场，选择合适的目标市场并提出合理的价格策略和营销策略，同时制订市场宣传计划以确保产品获得最优的上市宣传。最终，通过专家评估，确定最终产品上市的时间。

## 4 模型构建——合作创新视角下的新产品开发门径管理

基于合作创新的门径管理是以公司内部的门径管理为基础流程的管理方法，在各个阶段和关卡的管理过程中引入合作创新的工作模式。在上述案例分析的基础上，我们总结合作双方在各个阶段的行为特点，提炼各阶段的管理优化对策，初步构建以下模型，分步骤阐述合作创新在门径管理各阶段中的应用。具体如图4所示。

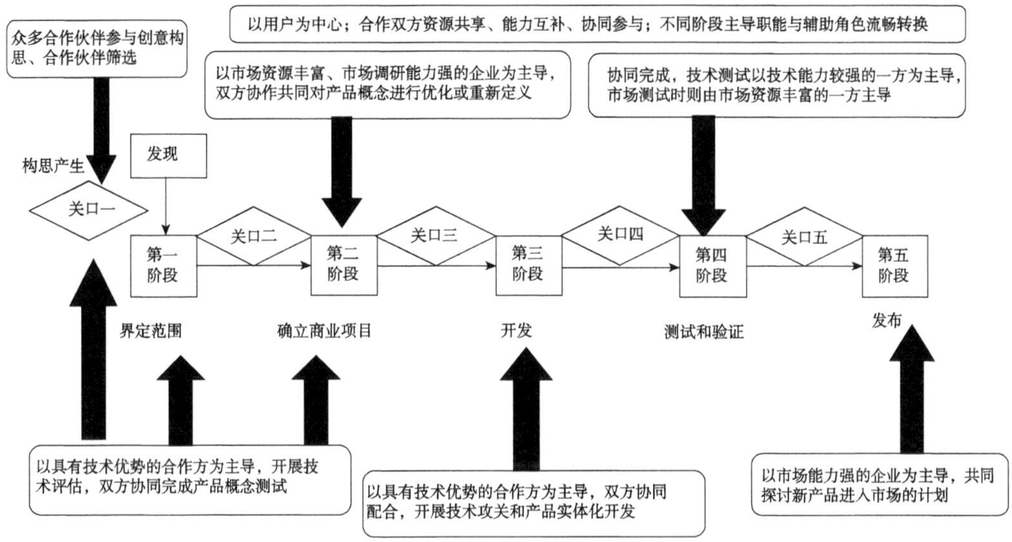


**图 4　基于企业间合作创新的新产品开发门径管理模型**

界定范围作为门径管理的第一阶段，围绕合作创新模式，要求合作双方与用户密切配合。在前端构思收集阶段，同步开展合作伙伴的筛选，采用开放创新的方式，多方获取构思来源，共同决定项目的核心技术和市场优势；通过市场调查，快速、初步地界定项目的范围；以具有技术优势的合作方为主导，开展技术评估，双方协同完成产品概念测试。在进入本阶段前，首先要通过关口一。在关口一，进行充分的构思评估和筛选，确认合作伙伴并最终选定产品构思。

确立商业项目是新产品开发的第二阶段，此阶段以市场资源丰富、市场调研能力强的企业为主导，双方协作共同对产品概念进行优化或重新定义。确定目标市场并进行市场调研，收集并分析顾客的需求、偏好和愿望来探讨产品战略、产品概念和产品价值等，从而确定新产品的定义，将顾客需求转换成经济和技术上可行的初步方案。在进入本阶段前要先通过关口二，关口二需双方共同对第一阶段即界定范围阶段的所有活动进行评估，评价项目是否具备进一步商业开发的价值。

第三阶段为项目的具体开发阶段。在这个阶段中，合作双方需将第二阶段即确立商业项目阶段的初步方案转化为具体的技术任务和指标，再确认执行这些任务的先后顺序及任务的分配情况，该阶段以技术能力较强的一方为主导，另一方协同配合，开展技术攻关和产品实体化开发。在进入本阶段前要先通过关口三，关口三由技术能力较强的一方为主导，双方共同确认技术开发的可行性。

第四阶段为测试和验证阶段。由合作双方项目团队协同完成，在进行技术测试时以技术能力较强的一方为主导，在市场测试时则由市场资源丰富的一方牵头，主要包括产品质量、生产周期、市场认可和项目总体成本，以及对产品测试中存在的问题进行修复工作。不同测试阶段，合作双方的主导职能与辅助角色能够实现流畅转换。在进入本阶段前需要通过关口四，确认产品开发与产品规划的一致性。

第五阶段为产品的发布，即商业化阶段。此阶段合作双方项目团队的工作重心由研发转向营销，为此，围绕新产品发布营销计划，以市场能力强的企业为主导，共同探讨新产品进入市场的计划。此时对市场的环境做最后且最详细的调研，将调研结果作为条件，由市场资源丰富的合作方为主导制订出满足市场环境的营销计划并推进实施。在进入本阶段前需要通过关口五，确认新产品的技术测试与市场测试。

综上所述，随着门径管理流程各阶段的推进，合作双方围绕各自的优势资源与核心能力，主导角色与辅助角色在各阶段中能够实现无缝对接与流畅转换。合作创新主导方对自身优势的判断、基于资源互补对合作伙伴的选择及合作伙伴间的信任在各阶段协同中起关键作用。此外，合作伙伴间主导角色与辅助角色的切换不仅体现在门径管理各个阶段，还体现在各阶段的不同工作模块中，要确保根据资源共享、能力互补原则实现协同。

# 5 总结

门径管理流程给予企业新产品开发科学、系统、普适的指导框架，是基于大量实践调研和最优经验的总结，形成的高度概括性的指导框架，门径管理流程的有效运用，需要企业根据各自的具体环境和特征，因地制宜地进行有针对性的应用性调整。

本文基于合作创新背景，从企业间合作视角，探讨如何将新产品开发的管理流程与合作创新框架融合。开展单案例纵向研究，分析以 Y 公司为主导的某通信产品的成功合作研发全过程，阐释了其在开发过程中的界定范围阶段、确立商业项目阶段、开发阶段、测试和验证阶段，以及最终的发布——进入市场阶段，如何与合作企业进行合理协作分工的创新过程。

在案例分析基础上，梳理、归纳并构建基于企业间合作创新的新产品开发门径管理模型。从我国企业的合作创新管理实践中提炼出可能产生的门径管理流程的理论创新点，以期为我国企业间合作创新实践提供微观层面的理论指导，加强对企业间合作创新管理应用与实践的支撑。

# 参考文献

[1] 马丽，赵蓓. 创业导向对新产品开发能力的影响——员工整合的作用机理[J]. 软科学，2017，31（6）：105-109.

[2] 谢恩，陈昕. 供应商网络与买方企业新产品开发绩效的研究[J]. 科研管理，2015，36（6）：20-27.

[3] 王鉴忠，秦剑，周桂荣. 顾客导向、竞争者导向、市场知识与新产品开发——基于产品创新性的差异比较研究[J]. 科学学与科学技术管理，2015，36（10）：89-99.

[4] 纪雪洪,陈志祥,孙道银. 供应商参与、专用性投资与新产品开发绩效关系研究[J]. 管理评论,2015,27(3):96-104.

[5] 杨博旭，王玉荣，李兴光. 多维邻近与合作创新[J]. 科学学研究，2019，37（1）：154-164.

[6] 周江华，李纪珍，李碧清，等. 合作与企业国际化创新：政府参与的调节作用[J]. 科研管理，2018，39(5)：46-55.

[7] Cooper R G. The new product process：a decision guide for management[J]. Journal of Marketing Management，1988，3（3）：238-255.

[8] Cooper R G，Edgett S J，Kleinschmidt E J. Optimizing the stage-gate process：what best-practice companies do—I[J]. Research Technology Management，2002，45（5）：21-27.

[9] Markham S K，Lee H. Product development and management association's 2012 comparative performance assessment study[J]. The Journal of Product Innovation Management，2013，30（3）：408-429.

[10] 冯延超，梁莱歆. 基于价值链的门径式研发预算管理[J]. 科学学与科学技术管理，2010，(9)：34-38.

[11] Caves R E. Multinational Enterprise and Economic Analysis[M]. Cambridge：Cambridge University Press，1983.

[12] Ring P S，van de Ven A H. Structuring cooperative relationships between organizations[J].Strategic Management Journal，1992，13（7）：483-498.

[13] Powell W. Neither market nor hierarchy[J]. The Sociology of Organizations：Classic，Contemporary，and Critical Readings，2003，315：104-117.

[14] 罗炜，唐元虎. 企业能力差异与合作创新动机[J]. 预测，2001，(3)：20-23.

[15] 骆品亮，陆毅，王安宇. 合作 R&D 的组织形式与虚拟研发组织[J]. 科研管理，2002，(6)：67-73.

[16] 余雅风，郑晓齐. 合作创新中企业知识学习行为的制度化研究[J]. 科研管理，2002，(5)：88-92.

[17] 毛义华，陈劲. 基于合作创新的企业技术能力培育[J]. 科研管理，2000，(4)：44-50.

[18] 殷俊杰，邵云飞. 联盟组合管理能力对焦点企业合作创新绩效的影响研究[J]. 管理学报，2018，15（6）：865-873.

[19] 胡杨，李郇. 多维邻近性对产学研合作创新的影响——广州市高新技术企业的案例分析[J]. 地理研究，2017，36（4）：695-706.

[20] 芮正云，罗瑾琏. 捆绑还是协同：创新联盟粘性对企业间合作绩效的影响——表达型与工具型关系契约的作用差异视角[J]. 系统管理学报，2019，28（1）：1-9.

[21] 孙永磊，陈劲，许渝玫. 企业战略导向对其合作创新绩效的作用机理[J]. 技术经济，2017，36（4）：10-16，45.

[22] 党兴华，王幼林. 技术创新网络中核心企业合作伙伴选择过程研究[J]. 科学学与科学技术管理，2007,(1)：139-144.

[23] 邵明晖，吴彪，张路蓬. 创新合作伙伴的 SVM-TOPSIS 优选决策分析[J]. 哈尔滨工程大学学报，2018，39（1）：179-186.

[24] 周园. 合作创新全过程知识产权风险控制研究——应用软系统方法建立概念模型[J]. 科技管理研究，2007，（11）：13-15.

[25] 谷丽，任立强，洪晨，等. 知识产权服务中合作创新行为的产生机理研究[J]. 科学学研究，2018，36（10）：1870-1878.

[26] 高宏伟. 产学研合作利益分配的博弈分析——基于创新过程的视角[J]. 技术经济与管理研究，2011，（3）：30-34.

[27] 张华，顾新. 合作创新的领导权博弈与利益协调研究[J]. 系统工程理论与实践，2018，38（12）：3109-3123.

[28] 姚威. 产学研合作创新的知识创造过程研究[D]. 杭州：浙江大学，2009.

[29] Fusfeld H I，Haklisch C S. Cooperative R&D for competitors[J]. Harvard Business Review，1985，（6）：60-76.

[30] Teece D J. Competition，cooperation，and innovation：organizational arrangements for regimes of rapid technological progress[J]. Journal of Economic Behavior & Organization，1992，18（1）：1-25.

[31] Das T K，Teng B S. Instabilities of strategic alliances：an internal tensions perspective[J]. Organization Science，2000，11（1）：77-101.

[32] Hagedoorn J. Inter-firm R&D partnerships：an overview of major trends and patterns since 1960[J]. Research Policy，2002，31（4）：477-492.

[33] 罗小芳，李柏洲. 基于系统理论的企业产学研合作原始创新过程模型构建[J]. 中国科技论坛，2014，（3）：79-85.

[34] 董洁林，陈娟. 无缝开放式创新：基于小米案例探讨互联网生态中的产品创新模式[J]. 科研管理，2014，35（12）：76-84.

[35] 孙耀吾，张睿. 移动互联网企业用户参与创新及其成果转化研究：以智能手机企业为例[J]. 中国科技论坛，2017，（11）：107-116.

[36] 孙大明，原毅军. 合作研发对制造业升级的影响研究[J]. 大连理工大学学报（社会科学版），2018，39（1）：30-37.

[37] Yin R K. Case Study Research and Applications：Design and Methods[M]. London：Sage Publications，2017.

[38] 陈永广，韩伯棠. 企业研发合作组织模式选择影响因素及决策机制研究[J]. 科学学与科学技术管理，2011，32（6）：123-127.

[39] 李进一，杨永丽. 用户参与产品创新的风险及其管理[J]. 创新与创业管理，2014，（1）：12-20.

# Stage-gate Management of Mobile Internet Enterprises Based on Cooperative Innovation

Wang Zhiwei[1]，Pei Jiaomei[1]，Shi Chaoxian[2]

（1.School of Economics and Management，Fuzhou University，Fuzhou 350108，China；2.Fujian Hoshing Hi-Tech Industrial Co. Ltd.，Fuzhou 350003，China）

**Abstract:** Based on the Chinese situation, this paper carries out a vertical case study on the collaborative innovation between enterprises producing communication products, and depicts the specific innovation behavior of cooperative enterprises in the process of stage-gate management, and combs, summarizes and constructs a new product development path management model based on the collaborative innovation between enterprises.

**Keywords:** stage-gate; collaborative innovation; new product development

# 创业投资机构行为与企业创新：文献综述*

乔魏，戴蕙阳

（清华大学 经济管理学院，北京 100084）

**摘要**：本文采用文献计量学方法，对国内外文献进行了共现知识图谱、关键词时间轴演化图的分析。本文在对比国内外文献差异点的基础上，按照投资期、持有期和退出期的顺序进行文献综述，提炼出创业投资机构投资行为在筛选、监督治理、产品网络和冲击等方面对企业创新的影响，梳理出两者间的理论机制，并对未来可能的研究进行了展望。

**关键词**：文献计量学；创业投资机构；企业创新

**中图分类号**：**F270**　　**文献标识码**：**A**

创业投资机构的行为会对企业形成重要的影响，对创新的促进作用是创业投资机构对企业价值创造作用的重要方面。创新一直被视为经济增长和价值创造的关键推动力[1]，创业投资机构对创新的影响受到了学者的重点关注。创业投资在发达国家有着悠久的历史[2, 3]，我国的创业投资行业同样发展迅速：1985年，在我国注册的第一家创业投资管理机构成立，2017年，创业投资机构行业年度整体募集金额达到十万亿元以上，行业整体规模呈现高速上涨趋势，在我国经济活动中特别是对企业创新的支持作用方面的地位和重要性正在不断增强。近年来，我国许多创业投资项目正在经历创业投资机构的退出过程，针对创业投资机构在不同投资阶段对企业创新的影响问题在研究中得到的结论差异性较大，因此对整个投资周期中不同阶段创业投资机构对企业创新发挥的作用进行梳理总结是十分必要的。

作为企业发展过程中的重要资源方[4]，创业投资机构在企业的创新行为驱动中扮演着重要的角色[5]，除了提供支持创业企业发展的资金外，创业投资机构还具有其他独特的优势[6]。创业投资机构的整个投资流程被分为募集、投资、管理、退出四个阶段，其中投资、管理、

---

* 基金项目：高校人文社会科学重点研究基地重大项目“全球创新体系与全球创新中心”（17JJD630003）。

作者简介：乔魏（1980—），女，河北唐山人，清华大学经济管理学院博士研究生，研究方向为创业投资、创业退出、创新绩效；戴蕙阳（1995—），女，辽宁凌源人，清华大学经济管理学院博士研究生，研究方向为创业投资、数字创新。

退出三个阶段直接与被投资企业发生交互并且能够直接对被投企业造成影响。国外学者对创业投资机构与企业创新的研究已经形成了一些较有影响力的论述[7, 8]。由于我国创业投资行业发展相较于国外起步稍晚，相关数据难以获得，这一领域的实证研究与国外研究相比，发展较为缓慢。本文期望通过对这一领域的文献进行梳理，了解创业投资机构对企业创新的影响途径，从而厘清这一领域的研究脉络，为未来进一步研究的展开提供助力。

# 1 创业投资机构投资对企业创新的整体作用的文献计量学分析

本文采用文献计量学的方法对国内外相关文献进行检索，梳理该领域理论研究发展前沿。CiteSpace 计量工具具有可视化信息分析的特点[9, 10]，我们利用该软件对相关文献进行统计分析，从而了解本领域研究的新动态和新趋势。本文通过使用突发词检测算法来确定研究前沿（research front），明确本领域研究前沿的知识基础（intellective base），用含有研究前沿的术语词汇的文章的引文来反映研究前沿中的概念在科学文献中的吸收利用知识的情况，之后对这些引文进行同被引聚类分析（co-citation cluster analysis），最后形成一组被研究前沿所引用的科学出版物的演进网络，这也是本领域的重点文献脉络。

经过检索后，本文整理统计了国内外 1998~2018 年总计 21 年创业投资机构与企业创新领域的文献数据，其中国外文献来自 Web of Science 数据库中核心合集，国内文献来自中国知网。在剔除不相关的文献后，我们得到了来自 Web of Science 数据库中核心合集收录的 1229 篇英文文献、中国知网上收录的 416 篇中文文献。

## 1.1 关键词

关键词是本领域文献研究重点的高度浓缩，国外文献中前 20 位的关键词如表 1 所示（高频关键词在 CiteSpace 中节选“Keyword”以进行统计，在合并同义词后进行统计）。在关键词统计中，频次和中心度是我们重点关注的指标。由统计可见，学者主要关注的方面除了创业投资与创新本身外，企业的表现、增长、市场、网络、吸收能力等研究频次较多，其中在前四位的关键词是“innovation”“performance”“firm”和“venture capital”。从表 1 可以看出，国外文献中高频次引用的关键词数量较多，但是词汇的中心度相对平衡。

**表 1 国外创业投资与企业创新研究关键词词频统计表**

| 关键词 | 频次 | 中心度 | 关键词 | 频次 | 中心度 |
|---|---|---|---|---|---|
| innovation | 326 | 0.06 | venture capital | 140 | 0.04 |
| performance | 158 | 0.05 | entrepreneurship | 114 | 0.04 |
| firm | 140 | 0.05 | research and development | 109 | 0.07 |

续表

| 关键词 | 频次 | 中心度 | 关键词 | 频次 | 中心度 |
|---|---|---|---|---|---|
| industry | 82 | 0.03 | strategy | 50 | 0.1 |
| growth | 72 | 0.06 | technology | 40 | 0.03 |
| knowledge | 67 | 0.05 | venture | 35 | 0.09 |
| market | 67 | 0.06 | biotechnology | 34 | 0.12 |
| network | 66 | 0.02 | finance | 30 | 0.04 |
| investment | 61 | 0.03 | perspective | 28 | 0.05 |
| absorptive capacity | 53 | 0.1 | management | 28 | 0.04 |

国内的相关领域文献整体上较国外文献数量相对较少，由关键词频统计可见，国内文献的关键词在集中度方面较国外文献相对较高。同样地，我们将国内创业投资与企业创新相关领域的文章做了关键词频次排序，排名在前 20 位的关键词如表 2 所示。国内的文献与国外文献相比在关键词方面有一定的差异性，如“高技术产业”“高新技术”“创业板”受到了我国学者的关注，这些高频的关键词体现了我国创新领域和我国资本市场的因素，同时与我国对企业创新与创业投资相关的政策有关。

**表 2 国内创业投资与企业创新研究关键词词频统计表**

| 关键词 | 频次 | 中心度 | 关键词 | 频次 | 中心度 |
|---|---|---|---|---|---|
| 创业投资 | 390 | 0.45 | 高新技术 | 11 | 0.05 |
| 创新 | 247 | 0.49 | 知识经济 | 11 | 0.17 |
| 企业 | 48 | 0.1 | 投资者 | 10 | 0.03 |
| 企业管理 | 47 | 0.13 | 科技型中小企业 | 10 | 0.04 |
| 高技术产业 | 29 | 0.22 | 融资 | 7 | 0.01 |
| 美国 | 20 | 0.04 | 科学技术 | 6 | 0.05 |
| 技术创新 | 15 | 0.03 | 大众创业 | 5 | 0.03 |
| 创业板 | 13 | 0.07 | 资本 | 5 | 0.01 |
| 金融 | 13 | 0.16 | 新经济 | 4 | 0.01 |
| 中小企业 | 13 | 0.05 | R&D | 4 | 0.02 |

## 1.2 共现知识图谱

共现知识图谱可以帮助分析本领域研究重点的网络分布情况，也是我们考察各研究重点之间是相对聚合、相对分散还是有新的聚群出现的直观方式。概括关键词共现知识图谱，我们发现国内外文献在网络形态中存在较大的差异。国外文献研究的关键词中心度普遍不高，并且在知识图谱中的分布较为均匀，整个图谱呈现中间连接度高，逐步向四周扩散开的形态，并没有形成个别独立的关键词聚集区，各个关键词的中心度差异化不大。国内文献在“知识经济”“投资者”等领域产生了一定的新的聚群，重点关键词的中心度较国外要高，特别是频次前 10 位的关键词，关键词之间的分布相对分散。

## 1.3 聚类分析

为了进一步明确国内外文献中出现的知识群组，我们根据关键词的关联图对重点知识群组之间发生连接的年份进行聚类，在时间轴上考察不同知识群落研究的持续性与关联度。我们使用 CiteSpace 在共现知识图谱结果的基础上进一步聚类，生成聚类网络时区图（timeline mapping），其中参数 $Q$ 值为 0.82，聚类效果良好。

国外文献中大部分重点关键词（出现频次在前 20 位的关键词）在时间轴的维度多集中在 2000~2010 年，“creation”“competition”“future”出现在近几年的研究关键词中，与较早时间点出现的关键词之间建立了联系。从中文的重点关键词突现时间轴的角度来看，我国的该领域关键词是出现在 2000~2009 年，这一点与国外文献较为相似。在这一阶段国内外本领域相关研究均较为活跃。

从不同知识群落的角度，我们先对中文文献中相对较为独立的集群进行考察，发现在中文突现词的关联图中，相对较为独立的“知识经济”出现在 1998 年左右，与“知识型企业”等几乎共同出现，在该领域后续的研究中，围绕该关键词的研究没有继续展开。“投资者”作为研究关键词也出现得较早，与其他文献的关联度一直较高，特别是与最近几年的“天使基金”“科技金融”等研究相关联，针对这一特点我们在文献具体分析中会做相应关注。最近几年出现了新的关键词关注点，如“大众创业”“创新驱动”“科技金融”“制约因素”等，这与我国 2014 年开始提出“大众创业、万众创新”倡导的背景相关。

通过上述文献计量学的分析，我们相对清晰地梳理出本领域的研究重点关键词、相关关键词在网络中分布的共现情况，再结合对关键词的时间轴分析，确定了本领域的研究重点文献。我们在第二部分对筛选出的研究重点文献对应观点进行梳理和分析。

# 2 创业投资机构投资对企业创新的影响

从具体的知识群组来看，本领域中的重点文献大部分的观点认为创业投资机构在与企业合作的过程中对企业创新扮演积极的角色[11-15]。创业投资机构的行为可以对企业的创新产生多方面的积极影响。Faria 和 Barbosa 的研究选取了 17 个欧盟国家的数据，研究认为创业投资机构对企业创新有积极的作用[14]。创业投资活动的增加会为企业带来明显升高的专利比率[7]，行业中创业投资活动的增加将使得专利注册量大幅增长。在对具体行业的分析中，Zucker 等指出，在生物技术行业，创业投资能促进创新，提高公司研发成功的可能性[16]。Ni 等从中国市场的统计数据出发，深入地分析创业投资对企业创新是否会产生影响，通过实证研究发现在中国市场，创业投资与企业的创新两者相互之间具有积极的影响[17]。特别是在创业投资机构对企业的投资阶段，投资人往往要求被投资企业有创新能力、创新产品或者创新技术。但是也有少数学者认为创业投资机构参与对创新的影响是不清晰的[18, 19]，甚至是负面的。例如，企业在不同的退出方式过程中，会出于迎合退出方式的需要而改变研发的策略。虽然这一领域的文献众说纷纭，但是可以看出在创业投资机构与企业互动的不同阶段中，创业投资机构投资对企业创新的作用机制有所差别。接下来，本文将按照创业投资机构与企业的合作阶段（投资期、持有期、退出期）对文献进行划分，总结出每一阶段中相关文献的主要观点。

## 2.1 投资期：筛选效应

在投资期，企业的技术或者产品是否具有创新性，是创业投资机构的重要选择标准。创业投资机构的投资过程是对企业的创新做主动的筛选，企业为了吸引创业投资的参与会主动地自我驱动进行创新。创业投资机构对企业的筛选标准促进了企业创新，企业通常需要经常关注对创新的资本投入是否能够满足研发费用所需[18]。对那些拟引入创业投资机构的企业来说，为了获得创业投资机构的认可，往往需要满足创业投资机构的筛选标准（表3）。

表3 投资期对企业创新筛选主要观点列表

| 序号 | 筛选标准 | 核心观点 | 主要文献 |
|---|---|---|---|
| 1 | 技术水平、创新投入 | 直接认为公司的技术水平、创新投入是做投资决策的标准之一 | Kaplan 和 Stromberg[20]；Guo 等[21] |
| 2 | 创新能力 | 创业投资机构会选择具有创新能力的企业投资，有创业投资机构支持会使企业能够更迅速地将新产品投入市场 | Hellmann 和 Puri[22] |
| 3 | 公司产品 | 看中对公司产品和项目特征的判断 | MacMillan et al.[23]；Boocock 和 Woods[24] |
| 4 | 公司专利、人力资本 | 着重于考察企业的联合网络、专利、人力资本等综合能力 | Baum 和 Silverman[25] |

尽管研究者对评价因素的重要程度和先后顺序存在不一致的观点，但概括起来，大多数研究都认为创业投资机构对项目的评估因素中都将企业的产品和技术创新作为项目的评价标准之一。

## 2.2 持有期

### 2.2.1 监督、治理效应

创业投资机构完成对被投资企业的投资后，进入对投资组合的持有期。在这个阶段，积极对投资组合中企业进行投后管理的创业投资机构能够对被投资企业经营产生正面影响，帮助被投资企业实现价值增值的同时也为提升自身未来潜在收益增加可能性，其中对被投资企业进行监督与参与公司治理是重要的方式之一。从具体的参与方式来看，创业投资机构在企业的投后管理中，使用大量的时间与被投资企业进行沟通[26, 27]。进行经常性的沟通主要有以下两个好处：一方面沟通有利于信息交流的流畅，另一方面能够让创业投资机构更加了解被投资企业[28]。沟通越频繁、深入的创业投资机构在给企业提供服务时能够更加有的放矢，提高其服务准确度和有效度。Bygrave 和 Timmons 认为创业投资机构能够为公司带来投资机会，这种经常性的沟通也为投资机会的落地提供了帮助[29]。给被投资企业派驻董事、监事或者派出股东代表参与被投资企业重大事项的决策也是创业投资机构对被投资企业直接监督的形式。创业投资机构通过广泛参与被投资企业的相关治理对企业进行监测。

在公司治理方面，创业投资机构作为专业的机构投资者，也发挥了区别于其他类型股东的作用，例如，参与包括公司创新战略的制定，帮助被投资企业提升商业模式[12-30]。Gompers 等认为私募投资者能为被投企业提供商业计划和发展规划、人力资源管理和投资后监督[31]。除了上述对创新的正向激励之外，创业投资机构对企业创新的激励还包括对企业创新失败的容忍，因为创新者往往会经历很长一段时间的考验和试错整理，创新需要由有耐心的资本提供资金，创业投资机构对被投资企业的中长期的持有才能满足企业创新的需要[32]。在国外的相关文献中，学者关注到了创业投资机构的失败容忍度与激励创新之间的关系问题，例如，Tian 和 Wang[33]研究表明有失败容忍度高的创业投资机构支持的企业其创新度要高得多；还有很多学者从公司管理层的角度关注到了创新决策需要更高的失败容忍度和更大的决策空间[34]。

### 2.2.2 市场、网络效应

由上述文献计量学的分析可见，被投资企业市场等关键词是本领域学者长期关注的。创业投资机构给被投资企业带来的市场、网络资源是影响企业创新的重要因素，这种市场、网络资源既包括单一创业投资机构投资的投资组合企业之间的市场、网络，也包括联合投资的创业投资机构之间形成的市场、网络。在市场方面，创业投资机构的介入主要能够发挥以下优势：创业投资机构的参与显著减少了将产品推向市场的时间；有经验的创业投资机构帮助被投资企业将有利可图的想法商业化；创业投资机构可以利用自身资源为被投资企业提供产品对接、市场营销等增值服务，防止投资资金面临风险[35]。当企业在产品市场面临来自其他公司的竞争时，创业投资机构的投资会对其创新程度和生产力产生重大影响[36]。此外，创业投资机构的支持也能向市场发出信号从而对其他资金方带来示范效应[37]。Atanassov 研究发现股权融资等直接融资方式较其他间接融资方式，更能够促进公司有更高质量的创新行为，被投企业往往也会有更多的研发专利的产出[38]。

创业投资机构能够促进被投资企业之间创新网络的形成。Lindsey 发现，创业投资机构能够促进被投资企业之间形成战略联盟，创业投资机构能够有效地利用其信息优势和其他资源促进企业发展[39]。创业投资机构作为一种专业化的机构，对特定领域、特定行业的投资更为集中，在同一个产业链上往往会投资不同的企业，Gompers 等研究认为有特定行业经验的创业投资机构管理人，在给企业提供资源方面更得心应手，创业投资机构的专业化对提高被投资企业绩效更有帮助[31]。创业投资机构投资不同领域的创新项目，拥有更多的创新资源和网络资源[40，41]，能够促进被投资企业间的交流与合作，帮助被投资企业形成有利于创新发展的创新网络，并控制信息不对称所造成的风险[42，43]。

创业投资机构投资的不同投资组合之间会形成战略联盟，这种联盟更有利于知识的流动和创新的进展。当被投资企业处于同一行业时，知识的流动性更强。Lindsey 认为，创业投资机构的被投资企业间形成的战略联盟可以被看作关系契约，在共同关系契约中的企业都拥有共同的投资人，因此这些企业之间的互动更为频繁[39]。战略联盟作为介于单个公司和市场交易边界之间的关系契约，是围绕企业契约的一部分，也是企业的重要的价值来源。创业投资机构的投资组合之间可以形成补充资源[8]。创业投资能够提供包括金融、商业或基于技术的联系在内的关系网，作为一个网络的一部分，可以帮助被投资企业之间交流经验和知识，并与新投资者和投资银行等第三方建立联系。此外，关系网络能够给企业的创新提供重要支持[44]，因为关系本身就是一种社会资本的表现形式，关系及其特点有助于实现行为者的目标、为网络成员创造合作机会。

在创业投资机构直接参与企业的创新治理方面，创业投资机构可以对被投资企业的商业模式产生积极的影响[22, 45, 46]。创业投资机构有动机参与研发决策，帮助被投资企业提升经营业绩，完善被投资企业治理[47, 48]。创业投资机构能够优化被投资企业的治理结构，增加被投资企业价值。在被投资企业中，创业投资机构的专业化经验能够给企业在员工激励方面提供更有价值的经验[8]。在提升被投资企业的销售额和劳动生产率方面也能起到助推作用[5]，并且这种影响随着创业投资机构持股的增加而增加。当创业投资机构投入一个企业的金额增加时，其参与程度也会增加[48]；机构投资人的数量对被投资企业的治理来讲也很重要[49]。

## 2.3 退出期：冲击效应

对创业投资机构的整个投资流程研究中，过往文献中学者（特别是国内学者）较多地关注了创业投资机构在企业创新的投资期[47]和持有期[50]对企业创新的影响，对创业投资机构退出期的关注较少，在文献计量学的分析下也是相关文献最少的环节。在创业投资机构退出对企业创新的影响方面，学者认为创业投资机构的退出方式和退出过程是创业投资机构运作的最为关键的环节，不同的退出方式和退出过程会对被投资企业创新形成不同的影响。在退出方式的选择上，创业投资机构与企业的选择偏好未必一致，原因在于被投资企业的管理层与创业投资机构的出发点存在很大的不同。在退出方式的选择上，Schwienbacher 研究表明许多企业家更喜欢 IPO（initial public offering，首次公开募股）而不是交易出售，因为他们倾向于留在公司担任管理职务[1]。而对于创业投资机构来讲，投资过程的最后阶段是退出绩效的实现环节，退出的方式关系到创业投资机构利益的实现，因此创业投资机构往往会选择交易成本更低且收益更高的退出方式。在这种不同的选择出发点下，创业投资家有可能诱使企业家把公司打造成公众公司，并且在这个过程中采取动机扭曲创新战略。如 Florid 和 Kenney 认为在创业投资机构 IPO 退出的过程中，不能保证企业能够持续地进行创新[51]。在 IPO 退出之前，创业投资整体上降低了中小企业的创新水平，创业投资对创新的影响呈现先递减后递增的“U”形关系，曲线的低点出现在 IPO 当年或者前一年。创业投资对企业的“攫取”效应大于增值服务作用[50]，对被投资企业的创新形成了冲击。

# 3 讨论与展望

经过前文的文献计量学分析，我们发现在创业投资与企业创新领域中国内文献在数量与关注点方面都与国外文献存在较大的差异。在结合分析结果整理出重点文献并梳理后，我们按照投资期、持有期、退出期三个阶段综述总结创业投资机构行为对企业创新的影响机制，具体观点如表4所示。

**表4 创业投资机构投资对企业创新的影响分类表**

| 序号 | 合作阶段 | 创业投资机构作用 | 主要观点 |
|---|---|---|---|
| 1 | 投资期 | 筛选 | 创业投资机构对拟投资企业的筛选要求多数含有对企业的产品创新、技术水平的要求；<br>企业若想获得创业投资机构的投资需要进行自我驱动的创新 |
| 2 | 持有期 | 监督治理 | 创业投资机构通过与被投资企业经常沟通、拜访，监督企业创新成果的进度；<br>创业投资机构可以向被投资企业派驻董事或者股东代表，参与公司重要事项决策；<br>参与创新战略的制定；帮助被投资企业提升商业模式；创业投资机构有更强的股权激励方案制订的经验；<br>对创新的激励除了正向的激励之外，还要有对创新失败的容忍 |
| | | 市场网络 | 同一家创业投资机构可能投资同一产业链的不同公司，这些企业之间可以形成协同效应；<br>不同创业投资机构组成的辛迪加也会组成创新网络促进被投资企业创新；<br>创业投资机构能够提供市场营销等增值服务，改善商品的研发方向，减少被投资企业的试错时间，帮助被投资企业的产品推向市场 |
| 3 | 退出期 | 冲击 | 创业投资机构退出导致企业研发投入的降低，对企业创新产生冲击；<br>不同退出选择偏好下，企业家有可能在不同退出选择下扭曲创新战略 |

在我国创业投资政策环境与国外有较大差异的现实背景下，未来学者可以在以下几个方面展开研究。

首先，在创业投资机构对被投资企业的投资期，企业的产品创新和技术水平是创业投资机构选择投资标的的重要指标之一，原有研究建立了创业投资机构对企业创新筛选之间的联系，但二者之间的因果关系尚未得到很多文献的支持，特别是相关的以我国数据为基础所做的研究比较少。具体来说，未来研究需要在变量关系上确认是企业自身具有的创新优势吸引了创业投资机构的投资，还是创业投资机构的投资评价标准使得企业为了获得创业投资机构的投资进行自我驱动的创新。其次，国内外学者对创业投资机构的持有期关注较多，这部分的研究在整个投资环节中也起到连接作用。未来学者可以进一步将投资期、持有期与退出期进行有机结合，对不同的投资阶段完整审视，系统地回答创业投资机构对企业创新的整体影响。再次，创业投资机构持有期的不同年份对企业创新的动态影响在以往研究中重视不够，未来的研究可以考虑时间动态影响因素；特别是现有以我国企业为研究对象的研究中，考察创业投资机构容忍度对企业创新激励情况的文献还较少。在考察对企业的创新激励时，学者一方面可以考察实质正向激励的作用效果，另一方面还可以考察创业投资机构创新失败容忍度对创新的影响，这部分也可以结合案例研究的方法展开质性研究。最后，我国针对创业投资机构退出期的研究寥寥无几，这可能是数据获取难、我国创业投资机构退出期相比国外较晚共同导致的。特别是针对 IPO 方式的退出，我国有区别于国外资本市场的锁定期。未来的研究可以充分考虑我国独特的政策情境，探究创业投资机构退出对企业创新的影响。

# 参考文献


[1] Schwienbacher A. Innovation and venture capital exits[J]. The Economic Journal, 2008, 118 (533): 1888-1916.

[2] Barry C B, Muscarella C J, Peavy J W, et al. The role of venture capital in the creation of public companies: evidence from the going-public process[J]. Journal of Financial Economics, 1990, 27 (2): 447-471.

[3] Ahlstrom D, Bruton G D. Venture capital in emerging economies: networks and institutional change[J]. Entrepreneurship Theory and Practice, 2006, 30 (2): 299-320.

[4] Stuart T E, Sorenson O. Strategic networks and entrepreneurial ventures[J]. Strategic Entrepreneurship Journal, 2007, 1 (3/4): 211-227.

[5] Chemmanur T J, Krishnan K, Nandy D K. How does venture capital financing improve efficiency in private firms? A look beneath the surface[J]. The Review of Financial Studies, 2011, 24 (12): 4037-4090.

[6] Spiegel M I, Tookes H.Dynamic competition, innovation and strategic financing[R]. Yale School of Management's International Center for Finance Working Papers, 2008.

[7] Kortum S, Lerner J. Does venture capital spur innovation?[C]//Libecap G D. Entrepreneurial Inputs and Outcomes: New Studies of Entrepreneurship in the United States. Bingley: Emerald Group Publishing Limited, 2001: 1-44.

[8] Hellmann T, Puri M. Venture capital and the professionalization of start-up firms: empirical evidence[J]. The Journal of Finance, 2002, 57 (1): 169-197.

[9] 陈超美. CiteSpace Ⅱ：科学文献中新趋势与新动态的识别与可视化[J]. 陈悦，侯剑华，梁永霞译. 情报学报，2009（3）：401-421.

[10] 李杰，陈超美. CiteSpace 科技文本挖掘及可视化[M]. 北京：首都经济贸易大学出版社，2016.

[11] Kaplan S N, Strömberg P. Financial contracting theory meets the real world: an empirical analysis of venture capital contracts[J].The Review of Economic Studies, 2003, 70 (2): 281-315.

[12] Bottazzi G, Secchi A, Tamagni F. Productivity, profitability and financial performance[J].Industrial and Corporate Change, 2008, 17 (4): 711-751.

[13] Aghion P, van Reenen J, Zingales L. Innovation and institutional ownership[J]. American Economic Review,

2013，103（1）：277-304.

[14] Faria A P，Barbosa N. Does venture capital really foster innovation?[J]. Economics Letters，2014，122（2）：129-131.

[15] 陈思，何文龙，张然. 风险投资与企业创新：影响和潜在机制[J]. 管理世界，2017，（1）：158-169.

[16] Zucker L G，Darby M R，Armstrong J S. Commercializing knowledge：university science，knowledge capture，and firm performance in biotechnology[J]. Management Science，2002，48（1）：138-153.

[17] Ni H，Luan T，Cao Y，et al.Can venture capital trigger innovation? New evidence from China[J]. International Journal of Technology Management，2014，65（1/2/3/4）：189-214.

[18] Hall B H，Lerner J. The financing of R&D and innovation[C]//Hall B H，Rosenberg N. Handbook of the Economics of Innovation. Boston：North-Holland，2010：609-639.

[19] Dessí R，Yin N. The impact of venture capital on innovation[C]//Cumming D. The Oxford Handbook of Venture Capital. Cary：Oxford University Press，2012：668-685.

[20] Kaplan S N，Stromberg P. Venture capitals as principals：contracting，screening，and monitoring[J]. American Economic Review，2001，91（2）：426-430.

[21] Guo D，Guo Y，Jiang K. Government-subsidized R&D and firm innovation：evidence from China[J]. Research Policy，2016，45（6）：1129-1144.

[22] Hellmann T，Puri M. The interaction between product market and financing strategy：the role of venture capital[J]. The Review of Financial Studies，2000，13（4）：959-984.

[23] MacMillan I C，Siegel R，Narasimha P N S. Criteria used by venture capitalists to evaluate new venture Proposals[J]. Journal of Business Venturing，1985，1（1）：119-128.

[24] Boocock G，Woods M. The evaluation criteria used by venture capitalists：evidence from a UK venture fund[J]. International Small Business Journal，1997，16（1）：36-57.

[25] Baum J A C，Silverman B S. Picking winners or building them? Alliance，intellectual，and human capital as selection criteria in venture financing and performance of biotechnology startups[J]. Journal of Business Venturing，2004，19（3）：411-436.

[26] Gorman M，Sahlman W A. What do venture capitalists do?[J]. Journal of Business Venturing，1989，4（4）：231-248.

[27] Barry C B. New directions in research on venture capital finance[J]. Financial Management，1994，23（3）：3-15.

[28] Jensen M C. The modern industrial revolution，exit，and the failure of internal control systems[J]. The Journal of Finance，1993，48（3）：831-880.

[29] Bygrave W D，Timmons J A. Venture Capital at the Crossroads[M]. Boston：Harvard Business Review Press，1992.

[30] Engel D，Keilbach M. Firm-level implications of early stage venture capital investment-an empirical investigation[J]. Journal of Empirical Finance，2007，14（2）：150-167.

[31] Gompers P A，Ishii J，Metrick A. Extreme governance：an analysis of dual-class firms in the United States[J].

The Review of Financial Studies，2010，23（3）：1051-1088.

[32] Manso G. Motivating innovation[J]. The Journal of Finance，2011，66（5）：1823-1860.

[33] Tian X，Wang T Y. Tolerance for failure and corporate innovation[J]. The Review of Financial Studies，2014，27（1）：211-255.

[34] Ederer F，Manso G. Is pay for performance detrimental to innovation?[J]. Management Science，2013，59（7）：1496-1513.

[35] Casamatta C. Financing and advising：optimal financial contracts with venture capitalists[J]. The Journal of Finance，2003，58（5）：2059-2085.

[36] 田轩，赵海龙. 如何在资本市场压力下激励企业创新？[J]. 清华金融评论，2016，（2）：99-101.

[37] Brav A，Gompers P A. Myth or reality? The long-run underperformance of initial public offerings：evidence from venture and nonventure capital - backed companies[J]. The Journal of Finance，1997，52（5）：1791-1821.

[38] Atanassov J. Do hostile takeovers stifle innovation?Evidence from antitakeover legislation and corporate patenting[J]. The Journal of Finance，2013，68（3）：1097-1131.

[39] Lindsey L. Blurring firm boundaries：the role of venture capital in strategic alliances[J]. The Journal of Finance，2008，63（3）：1137-1168.

[40] Gargiulo M，Benassi M. Trapped in your own net? Network cohesion，structural holes，and the adaptation of social capital[J]. Organization Science，2000，11（2）：183-196.

[41] Hite J M，Hesterly W S. The evolution of firm networks：from emergence to early growth of the firm[J]. Strategic Management Journal，2001，22（3）：275-286.

[42] Brander J A，Amit R，Antweiler W. Venture-capital syndication：improved venture selection vs. the value-added hypothesis[J]. Journal of Economics & Management Strategy，2002，11（3）：423-452.

[43] Hochberg Y V，Ljungqvist A，Lu Y. Whom you know matters：venture capital networks and investment performance[J]. The Journal of Finance，2007，62（1）：251-301.

[44] Baraldi E，Strömsten T. Configurations and control of resource interfaces in industrial networks[J]. Advances in Business Marketing & Purchasing，2008，14（8）：251-316.

[45] Gerasymenko V，de Clercq D，Sapienza H J. Changing the business model：effects of venture capital firms and outside CEOs on portfolio company performance[J]. Strategic Entrepreneurship Journal，2015，9（1）：79-98.

[46] 孙健，白全民. 我国公司创业投资（CVC）对企业价值影响的实证研究——基于CVC投资者的视角[J]. 中央财经大学学报，2010，（9）：62-66.

[47] 陈思，何文龙，张然. 风险投资与企业创新：影响和潜在机制[J]. 管理世界，2017，（1）：158-169.

[48] Ragozzino R，Blevins D P. Venture-backed firms：how does venture capital involvement affect their likelihood of going public or being acquired?[J]. Entrepreneurship Theory & Practice，2016，40（5）：991-1016.

[49] Chakraborty I，Ewens M. Does security choice matter in venture capital? the case of venture debt[R]. GSIA Working Papers，2012.

[50] 温军，冯根福. 风险投资与企业创新："增值"与"攫取"的权衡视角[J]. 经济研究，2018，（2）：185-199.

[51] Florida R L, Kenney M. Venture capital-financed innovation and technological change in the USA[J]. Research Policy, 1988, 17 (3): 119-137.

# Behavior of Venture Capital and Corporate Innovation: Literature Review

Qiao Wei, Dai Huiyang

(School of Economics and Management, Tsinghua University, Beijing 100084, China)

**Abstract:** The importance of venture capital in driving enterprise innovation has attracted more and more scholars' attention in recent years. Through the method of Literature Metrology, this paper sorts out the co-occurrence knowledge map and the keyword timeline evolution graph of the domestic and foreign literatures in the field of influence of venture capital institution on enterprise innovation. Comparing the differences between domestic and foreign literatures in this field and following the time order of investment stage, holding stage and exit stage, this paper extracts the impact of venture capital investment on corporate innovation in the aspects of screening, supervision, product network, et al., to sort out the theoretical mechanisms between venture capital and enterprise innovation. In the end, this paper forecasts the possible future research.

**Keywords:** literature metrology; venture capital institution; enterprise innovation

# 创业坚持研究综述与展望*

翁清雄，杨渊，赵海媛

（中国科学技术大学 管理学院，合肥 230026）

**摘要：**本文对关于创业坚持的内涵、测量、前因变量和结果变量等的国内外研究进行了回顾和评述，总结了现有研究的趋势和脉络，并提出了创业坚持研究在未来可能的研究设想。

**关键词：**创业坚持；创业者；创业坚持测量

**中图分类号：F279.1　文献标识码：A**

创业不但能创造就业机会，而且在促进经济增长[1]、技术进步方面起着不可或缺的作用[2]。全球创业观察（The Global Entrepreneurship Monitor）2018/2019 年度全球报告显示，中国社会公众中，认为创业是一项好的职业选择的人群占比高达 61%。在创业过程中，创业者不仅要面对种种不确定性[3]，还会遇到很多阻力和困难[3-6]。为什么有的人创业成功了，有的人却以失败结束[4, 7]，其中很重要的一个因素就是坚持[8, 9]。

创业坚持（entrepreneurial persistence）的研究具有重要意义。创业坚持是创业成功的重要因素[10]，不仅让创业者直面创业过程中存在的资源约束、激烈竞争和其他如环境动荡等复杂的挑战[11]，还激励创业者继续保持努力。对于创业者来说，创业坚持的研究发现能使其更有效地确定自己是否应继续创业还是放弃创业并追求其他机会[4]。对于创业利益相关者来说，如投资人、政府部门，明晰影响创业者采取创业坚持行为的因素，是帮助创业者最终实现创业成功和利益回报的重要手段。

创业坚持的研究近些年来得到了学术界越来越多的关注[4, 8, 12, 13]。然而，目前对创业坚持的研究仍然呈现碎片化的特点，众多学者更多的是基于各自的研究领域及兴趣去探索创业

---

* 基金项目：国家自然科学基金面上项目“基于职业生涯视角的创业行为研究”（71871209）。

作者简介：翁清雄（1981—），男，福建莆田人，中国科学技术大学管理学院教授、博士生导师，研究方向为组织与人力资源管理、职业心理与行为、领导行为与战略决策；杨渊（1995—），男，湖南娄底人，中国科学技术大学管理学院硕士研究生，研究方向为创业意愿；（通讯作者）赵海媛（1993—），女，四川眉山人，中国科学技术大学管理学院博士研究生，研究方向为创新创业。

坚持，至今为止，尚未有文献对创业坚持的研究脉络进行总结和归纳。因此，对创业坚持的研究进行系统的梳理，能够弥补创业坚持综述类研究的缺失，推动创业坚持研究领域的快速发展。

本文围绕创业坚持的主题，全面地整理国内外相关的研究，梳理领域内的研究热点和重点，剖析现有研究的特点，并提出未来可能的研究方向。首先，以创业坚持为关键词，把 Scopus、EBSCO、知网等国内外著名核心文献数据库作为文献来源，重点对 *Entrepreneurship Theory and Practice*、*Journal of Business Venturing*、*Journal of Small Business Management*、*Strategic Entrepreneurship Journal* 等创业领域的顶级期刊进行搜索，确定了 1980~2018 年关于创业坚持主题的 55 篇文献。其次，在对这 55 篇文献仔细阅读和归纳整理的基础上，明晰创业坚持的内涵及其测量方法。再次，基于“前因变量—创业坚持—结果变量”的逻辑对创业坚持的研究进行了分析，总结现有研究中创业坚持的前因变量和结果变量。最后，针对创业坚持的内涵、测量、前因变量和结果变量等方面的研究重点，对现有研究进行述评，并提出未来研究设想，为未来创业坚持的研究提供参考与借鉴。

# 1 创业坚持的内涵

创业是聚集高风险和高回报的活动，创业者面临的模糊性和不确定性非常高，创业活动的持续时间长短不一，这些都引发了国内外学者对创业坚持的高度关注[3, 14]。对相关文献进行回顾，发现学者主要从特质、倾向和决定这三个角度对创业坚持进行界定。

基于特质视角的学者认为创业坚持是一种特质，个体即使在遇到障碍时也能维持目标导向的行动和能量[8, 15, 16]。如果创业者没有这种特质，在创业过程中面对巨大的市场准入障碍时，将很难把创业继续下去[17]。基于倾向视角的学者提出，个体在相似创业逆境下坚持的倾向会因个体差异而不同，因此把创业坚持定义为创业者在逆境中坚持和忍受的倾向[5, 18]。基于决定视角的学者则认为创业者不顾负面因素的影响或者其他诱人机会而选择继续当前的创业，就是创业坚持。因而创业坚持包含两个部分：一是决定继续经营先前创办的企业；二是在面对阻力（如企业绩效的负面反馈）时做出坚持的决定[4, 19]。创业坚持的定义如表 1 所示。

**表 1 创业坚持的定义**

| 界定角度 | 定义来源 | 定义解释 |
|---|---|---|
| 特质 | Baum 和 Locke[15] | 是一种特质，即使在遇到障碍时也能维持目标导向的行动和能量 |
| 倾向 | Markman 等[5] | 在逆境中坚持和忍受的倾向 |
| 决定 | Holland 和 Shepherd[4] | 决定继续经营先前创办的企业；<br>在面对阻力时做出的决定 |

资料来源：笔者根据相关文献整理所得

可以发现，尽管创业坚持的定义尚未统一，但学者对创业坚持持有一些普遍认同的观点：创业坚持的主体是创业者个人，而不是企业；创业坚持的适用对象是已经做出创业决定并采取创业坚持行为的创业者，而不是那些没有做出创业决定的潜在创业者；创业坚持和创业结果的区别，如创业者面对困境时选择坚持，从而使企业在困境中生存下来，企业生存是结果，而创业坚持是前因；坚持是一个复杂的决定，它既与人有关，也与环境有关[12]。

## 2 创业坚持的测量

创业坚持作为创业活动的重要过程，其研究受到越来越多学者的青睐。对相关文献进行回顾发现，现阶段创业坚持的测量还处于探索阶段，没有形成统一的规范，但根据测量方式的不同，可以将其分为问卷调查和情境实验两类。

一类是通过问卷调查对创业坚持进行测量。这类测量方式根据测量次数的不同，可以分为单波次测量和多波次测量。单波次测量的代表有 Baum 和 Locke[15]、Markman 等[5]。前者将 Gartner 等[17]关于坚持的量表引入到创业领域，认为创业坚持是个体在创业背景下的一般坚持行为，是一种特质，其结果是比较稳定与通用的。后者主要测试在三种情况下（你认为重要的人不接受你的观点，你申请换工作但没有通过和你没能在截止日期前完成一个大项目），创业者对控制维度（"这种情况下你觉得你能控制多少"）和责任维度（"你在多大程度上对处理这种情况的结果负有责任"）的同意程度。多波次测量都是把创业坚持的测量放在数据收集的第二波次，只是时间间隔和提问内容有所差异。多波次测量的代表有 Liao 和 Gartner[20]、Klyver 等[21]，前者的时间间隔是 12 个月，后者是 6 个月。在测量时，前者让创业者回答他们的创业现状，创业现状分为四种类型——运营业务、主动创业、不主动创业和不再工作，前两种编码为创业坚持，后两种编码为终止创业。后者则是让创业者回答"是否已经放弃创业，是否还在努力创业或者已经成功创业"，如果是还在努力创业或者已经成功创业，则编码为创业坚持。

另一类是情境实验下的坚持行为测量，即通过实验，让创业者在一系列模拟的情境下做出创业坚持决定的判断。这类测量的主要代表有 DeTienne 等[12]、Holland 和 Shepherd[4]，两者在测量重点上有显著差异。前者是让创业者在假设当前经营状况不佳的情况下，判断个人、组织和环境的七种因素对其创业坚持的影响，这七种因素包括个人投入、个人选择、先前组织的成功、感知集体效能、环境复杂性、动态性和丰富性。后者则是让创业者将当前创业结果与先前的预期进行比较，进而判断是否采取创业坚持行为，其中对比的方面包括期望结果可能性、财务回报、非财务回报和转化成本。创业坚持测量如表 2 所示。

**表 2 创业坚持测量**

| 测量方式 | | 测量重点 | 量表来源 | 示例条目 |
|---|---|---|---|---|
| 问卷调查 | 单波次测量 | 一般坚持行为 | Baum 和 Locke[15] | “在困难的项目中，即使别人反对我，我将继续工作”<br>“我能想到很多次，当别人放弃时，我仍坚持工作” |
| | | | Markman 等[5] | “你认为重要的人不接受你的观点，在这种情况下你觉得你能控制多少”<br>“你认为重要的人不接受你的观点，你在多大程度上对处理这种情况的结果负有责任” |
| | 多波次测量 | 实际经营结果 | Klyver 等[21] | “是否已经放弃创业，是否还在努力创业或者已经成功创业” |
| 情境实验 | | 假设经营状况不佳 | DeTienne 等[12] | “基于公司目前面临的复杂环境，关于公司的将来你将做什么样的决定”<br>“你现在除了本公司外没有其他任何选择，关于公司的将来你将做什么样的决定” |
| | | 比较当前创业结果与先前的预期 | Holland 和 Shepherd[4] | “当你公司财务回报低时，你继续你现在的事业的可能性有多大”<br>“当你公司非财务回报高时，你继续你现在的事业的可能性有多大” |

资料来源：笔者根据相关文献整理所得

综合而言，通过问卷调查的形式对创业坚持进行测量，单波次测量更多的是对一般坚持行为的测量，量表内容具有普适性、非特殊性的特点，尽管有少部分学者使用了这类量表测量了在创业环境下的坚持行为，如创业激情[8, 22]、感知风格[16]的研究中涉及创业坚持，但创业坚持在这些文献中都不是研究的重点。多波次测量是间隔一段时间后，对创业企业的实际经营结果进行测量，是以实际的创业坚持行为结果为依据，更具有客观性。以情境实验的方式测量创业坚持，主要是模拟各种创业背景下的创业坚持选择，一类侧重假设情境下创业者的创业坚持选择[12, 23]，另一类注重结果和预期差异对创业者创业坚持的影响[4, 19, 24]。

# 3 创业坚持的前因变量与结果变量

创业坚持是创业者面对困境时采取的行动，作为一种重要的创业者行为，国内外学者对创业坚持的前因变量和结果变量进行了大量的研究。其中，创业坚持前因变量的研究集中在个人、组织和环境等因素方面，创业坚持结果变量的研究集中在创业坚持对创业者、对创业成功的影响及创业坚持带来的消极结果。因此，本文按照“前因变量—创业坚持—结果变量”的逻辑对创业坚持的相关研究进行了汇总，如图 1 所示，并对创业坚持的前因变量和结果变量进行了具体讨论。

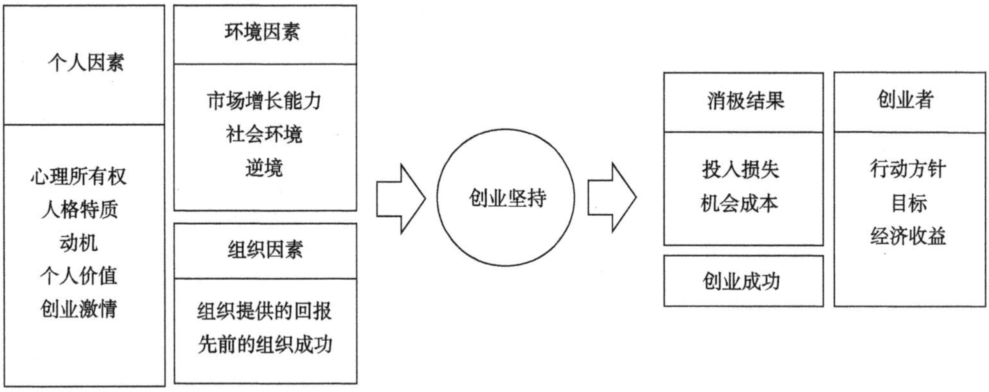


**图1 创业坚持研究汇总**

## 3.1 创业坚持的结果变量

创业坚持对创业者自身有何影响？创业坚持与创业成功的关系是什么？创业坚持是否会带来不利影响？自从 Eisenberger 和 Leonard[25]探究坚持对个人的影响开始，对这些问题，学者一直都在探究其答案。

1）创业坚持对创业者的影响

早期有学者通过实验研究发现，坚持会影响个人的行动方针[25]。而创业坚持会支撑着创业者进行创业活动，克服挫折，实现商业目标[5]，并且创业坚持对于实现个人目标和经济收益也至关重要[13]。

2）创业坚持对创业成功的影响

对于创业坚持与创业成功的关系，学者几乎一致认为创业坚持对创业成功很重要[10]。在资源有限和环境动荡的极端条件下，创业者面临很大的不确定性和可能的失败，因此坚持一个特定冒险项目的决定[5]，是创业成功的必要前提条件，创业者需要坚持不懈才能取得成功[11]。创业坚持影响创业成功的边界条件的相关研究还发现，具有成功经验的创业者比初次创业的创业者和曾经失败过的创业者更有可能取得成功，这是因为他们选择在合适的行业和时间中表现出创业坚持[26]。

3）创业坚持的消极影响[4, 16]

如果创业者在错误的方向上坚持，就会带来不利的影响。例如，创业者投入大量时间进行规划，但没有时间寻找潜在客户，即使创业者愿意并且能够坚持，也可能无法成功[27]。而且，由于创业具有高收益和高风险的特点，坚持一方面可能实现成功创业而获取较高回报，另一方面也可能会遭受失败而导致很多前期投入和继续投入资源的损失[14]。此外，将资源分配给一个徒劳的机会，而不是流向其他可以更有效地被利用的机会，对个人和经济来说代价都是高昂的[28]。

## 3.2 创业坚持的前因变量

在研究影响创业坚持的因素上，国内外学者发现个人因素在创业坚持决定中有重要作用，个人因素主要包括心理所有权、人格特质、动机、个人价值、创业激情等方面[4, 8, 12, 13, 29]。与组织有关的因素对创业坚持也有显著影响[12, 30]。同时，部分学者认为坚持是一个复杂的决定，是一个人和环境的函数[4, 12, 31]。因此，本文从个人因素、组织因素和环境因素这三个主要视角来探讨创业坚持的前因变量。

### 3.2.1 个人因素

对现有文献进行归纳发现，影响创业坚持的个人前因变量，主要有心理所有权、人格特质、动机、个人价值及创业激情。

1）心理所有权

心理所有权是指个人感觉好像拥有目标的全部或者一部分所有权的状态[32]。心理所有权的核心是占有欲和对目标的心理依恋[12]。心理所有权较强的创业者，对所创企业有更深的占有欲和依恋，因而更可能会坚持[12, 33]。在 DeTienne 等的研究基础上，有学者进一步探究了心理所有权与创业坚持的关系，发现在面临较大困境时，心理所有权对坚持的作用更显著[23]。创业者在企业上投入精力、时间、努力和注意力，使他们和企业之间产生一种心理联系[32, 34]，进而对企业产生占有欲和依恋。因而，个人投入也被视为一种心理所有权，其与创业坚持之间存在着一种显著的积极关系，创业者的个人投入越多，就越害怕之前的投入浪费了，就越可能坚持下去[12]。

2）人格特质

人格特质不同，会形成创业者不同的行为和思考方式，最终可能会影响创业坚持。在大五人格中，开放性正向预测自我创业中的坚持，因为开放性得分高的个体能够很好地应对压力情况[13, 35]。而神经质会限制个体收集信息、学习经验，阻碍其人力和社会资本发展，神经质得分高的个体不太可能在自我创业中坚持，而外倾性、宜人性和尽责性对坚持没有影响[13, 36, 37]。创业坚持部分源于乐观，没有对企业的价值和未来前景的坚定认识，坚持是不可能的，因此乐观作为一种更稳定的人格特质正向影响创业坚持[16, 38, 39]。

3）动机

动机是一种能够激发人的内在驱动力，可以使人们朝着自己期望的方向前进。决策和动机理论家认为，在决策过程中，个体的动机倾向或心理状态会影响决策过程[40, 41]。想要通过创业独立自主地做自己喜欢的事情[27]，重视与独立工作相关的自由[29, 42]，是一些创业者坚持的动机。期望也对创业坚持有促进作用，两者的正相关关系受到未来财务回报、非财务回报及转换成本的影响，且当这三者的值较小时，期望和坚持之间的关系更加显著[24]。

4）个人价值

个人价值超越了特定的行为和情境，是人们生活中的指导原则[43]。在创业过程中遇到艰难险阻时，个人价值可以影响创业者的行为，包括是否坚持。创业者所使用的坚持策略的一些差异可以归因于创业者所持有的个人价值的差异：那些将自我提升（self-enhancement）视为指导原则的创业者会更加重视坚持策略的未来财务回报，而那些将开放性（openness to change）视为指导原则的创业者更加强调坚持策略的未来非财务回报[4]。这可能是因为那些将自我提升视为指导原则的创业者更想通过创业获得收入和财富（经济利益）[44]，而那些将开放性视为指导原则的创业者喜欢灵活和自由地控制自己的时间和工作方法（非经济利益）[45]。

5）创业激情

对创业坚持产生积极影响的一个因素是积极情绪，特别是创业激情[46]。即使在创业进展不太令人满意的情况下，有激情的创业者也不愿放弃企业。Cardon 和 Kirk[8]探究了创业激情对自我效能和创业坚持关系的影响，发现创业激情（只针对发明的激情和创办企业的激情）在自我效能与创业坚持关系中起到部分中介作用。

此外，还有一些学者研究了影响创业坚持的其他个人因素。例如，自我效能会正向影响创业坚持，即自我效能感越高，创业者越坚信自己最终能成功，因而越可能坚持[8]；身份认同感正向影响创业坚持，具有强烈创业者认同感的企业家更有可能以坚定的方式回应他们作为创业者的角色，因此在遇到障碍时更有可能坚持[47, 48]；商业计划会增加创业坚持，这是因为商业计划可以对不确定环境提前规划，帮助创业者更有效地采取必要的行动来面对环境不确定性，从而使创业者更能坚持[49]；创业者的年龄不同会影响创业坚持[21]。

### 3.2.2 组织因素

创业者创办企业后，会遇到很多困难和挑战，其中就包括一些与组织有关的因素。哪些组织因素与创业坚持有关？这些因素如何影响创业坚持？学者对这些问题进行了探究。

1）组织提供的回报

一方面，尽管很多创业者获得的回报很低，但仍然坚持创业[38, 50]。因为他们相信即使现在产生的是负面结果，但是未来会有回报[51]。另一方面，如果创业者的其他机会选择对比现有组织回报的吸引力越强，创业者越不可能坚持当前创业[52]。

2）先前的组织成功

先前的组织成功对创业坚持有一个显著积极的影响[12]。根据归因理论，个人倾向于将成功归因于内在努力，以往的成功经验使他们确信只要自己努力和坚持，就会获得成功。以前成功的经历会让创业者相信他们的“公式”是正确的，而坚持将获得成功[30]，同时会使企业家低估风险并高估预期回报[53]。先前的组织成功也使组织的资本存量增加，可以为企业未来遇到的风险提供缓冲，使企业家更愿意坚持[54]。

### 3.2.3 环境因素

环境既可以影响人的动机和情绪，还可以影响人的决策。已有文献表明，在创业背景下，企业家面临的各种环境将会影响创业者的坚持[5]。

1）市场增长能力

创业者更有可能在增长能力较高的市场中坚持下去，不太可能在增长能力较低的市场中坚持下去。因为在增长能力较高的市场中，公司未来的前景可能更美好，创业者更愿意坚持[12]。

2）社会环境

社会环境可以为创业者提供各种资源或支持，如倾听和同理心的情感支持、有形帮助的工具性支持等，进而影响创业活动[55, 56]。个人从情感支持中获得的幸福感是他们坚持不懈的关键因素[57]，创业者的创业孵化活动完成越少，情感支持对创业者坚持的积极作用越显著。工具性支持提供的有形帮助（信息、知识）越多，创业者越可能坚持[21]。

3）逆境

逆境是指创业者自身感知和企业所面对环境之间的认知比较，高逆境指创业者感知在现有环境下企业很难生存。逆境水平和创业坚持之间的关系是负向显著的，这表明在高的逆境中，创业者不太可能选择坚持[4]。在这种情况下，心理所有权对坚持的正向影响更显著[23]。

# 4 研究述评

综上可知，有关创业坚持的研究已经受到越来越多的重视，学者在创业坚持的内涵、测量、前因变量和结果变量等方面取得了一定的成果，但相关研究还处于起步阶段，有待更进一步的研究。

首先，创业坚持的内涵和测量没有统一。创业坚持的概念源于行为科学领域的坚持，并与创业研究有机结合而形成。现阶段学者主要从特质、倾向和决定这三个角度对创业坚持进行界定，而有关创业坚持的测量，主要分为问卷调查和情境实验两类。虽然目前国外对于创业坚持的界定和测量的研究在不断展开与深入，但仍然缺乏权威的界定和测量工具。而国内在这方面的研究尤其缺乏，几乎没有对创业坚持进行过系统的论述，也没有开发特定的测量工具。

其次，创业坚持的结果变量缺乏系统研究。现有研究主要集中在创业坚持对创业者的影响、创业坚持对创业成功的影响及创业坚持带来的消极影响。但是，关于创业坚持对创业成功的影响研究，早在行为科学领域中就已经知道坚持对成功很重要，现有文献也只是提及这一点，缺乏探究创业坚持对创业成功的具体影响，如在什么情况下创业坚持会对创业成功影响更显著，在什么情况下会不显著甚至起到反作用。此外，尽管有学者考虑了创业坚持所带来的消极影响，但都只是提及创业坚持的代价高昂，会导致损失增加，缺乏具体损失的研究。

再次，创业坚持的前因变量缺乏系统研究。现有研究主要从个人因素、组织因素和环境因素这三个视角来探讨创业坚持的前因变量。关于个人因素，现阶段研究主要包括心理所有权、人格特质、动机、个人价值及创业激情，是否还有其他个人因素影响创业坚持仍然缺乏研究。关于组织因素，现阶段研究主要研究了组织提供的回报和先前的组织成功。然而，有关企业所处阶段[21]、组织文化和团队凝聚力等组织因素的作用都是未知的。关于环境因素，现阶段研究主要集中在市场增长能力、社会环境和逆境。然而，其他环境因素（如家庭背景、宏观环境等）是否会对创业坚持产生影响，目前还不清楚，缺乏相关研究。

最后，缺乏中国情境的相关研究。创业坚持是一个复杂的决定，与所处环境密切相关[12]，现阶段的研究几乎都是基于外国情境展开的。而我国的社会文化背景与国外是存在差异的，我国不仅是多民族的国家，而且拥有众多不同的地域文化。因此，开展中国情境下的创业坚持研究，能够丰富相关研究内容。

# 5　未来展望

创业坚持作为创业过程的重要部分，对创业成功有着至关重要的作用。然而，本文基于对现有文献研究的梳理与述评，发现创业坚持的研究只是处于起步阶段，还需要大量的研究来对其论证与发展。因此，未来可从以下方面展开研究。

第一，创业坚持的内涵及其测量的本土化。创业坚持是一个新的概念，国外也没有权威的定义和测量标准，而我国部分学者已经研究了与创业坚持相近的一些概念，如毅力[58]、韧性[59]及承诺升级[14]，这有助于对创业坚持的理解和后续的研究。此外，我国的社会文化背景与国外是存在差异的，因此在界定创业坚持的概念和测量标准时，应该考虑中国的社会文化背景。在此基础上，对创业坚持测量量表的开发和改编需要进行信度和效度检验，以适应中国情境。

第二，深入地探究创业坚持的结果变量。一方面，关于创业坚持对创业成功的影响研究，既可以研究创业坚持对工作绩效、满意度和社会认可等更具体的创业成功维度的影响[60]，也可以更加深入地探究在什么情况下创业坚持会对创业成功的影响更显著或者不显著，甚至起到反作用，如创业者在非理性的情况下可能对创业成功起到反作用。另一方面，从个人物质层面（如个人财务）和个人精神层面（如自我效能感）等更加具体的方面研究创业坚持带来的消极影响。

第三，梳理创业坚持的前因变量，揭示创业坚持的产生机制。影响创业坚持产生和发展的因素是多元的，今后可以从个人、组织、环境三个层面系统研究创业坚持的影响因素。其中，个人层面不仅可以综合考虑心理所有权、人格特质、动机、个人价值及创业激情等因素，还可以进一步探究年龄、消极情绪和其他相关动机等因素。例如，年龄一般作为控制变量[10]，很少有将其作为自变量的研究，其实相比于年轻创业者，年长的创业者有更多的经验[21]，经验会影响创业者对创业坚持的判断；消极情绪不但和积极情绪存在竞争和转化的关系[61]，而且会降低人的积极性和活动能力[62]，可能会对创业坚持产生消极影响；动机领域中还有一些方面可以研究，如创业者证明自己的动机[63]、需求成就的动机[64]等。组织层面也可以考虑创业阶段、组织文化和团队凝聚力等因素的影响。例如，在不同阶段，影响创业坚持的因素可能会变动[21]；组织文化会激发责任感，可能会让创业者不愿放弃，选择坚持；团队凝聚力越强，团队成员团结协作越紧密，创业者越可能坚持。环境层面可以探究其他环境因素对创业坚持的影响。例如，家庭背景会影响创业者的决定[65]；企业所处的宏观环境会影响创业者的判断，当创业者觉得宏观环境有利时，可能会选择坚持下去。此外，在研究各因素对创业坚持的影响过程中，需探究是否存在中介变量，以明确创业坚持的产生机制。

第四，基于中国情境，使用多种方法展开创业坚持研究。针对国内创业坚持研究的空白，在充分参考国外研究的基础上，考虑我国制度环境独特性和文化背景独特性，并以此为出发点展开创业坚持研究，将我国情境的独特性融入研究过程。另外，现阶段主要采用问卷调查和情境实验的方式进行研究，但这两种方法都有局限性。因此，未来可以基于中国情境，使用案例研究法来补充研究结论，也可以用动态跟踪的方法对创业坚持进行多波次观测与研究。

## 参考文献

[1] Carlsson B，Acs Z J，Audretsch D B，et al. Knowledge creation，entrepreneurship，and economic growth：a historical review[J]. Industrial and Corporate Change，2009，18（6）：1193-1229.

[2] Goodale J C，Kuratko D F，Hornsby J S，et al. Operations management and corporate entrepreneurship：the moderating effect of operations control on the antecedents of corporate entrepreneurial activity in relation to innovation performance[J]. Journal of Operations Management，2011，29（1/2）：116-127.

[3] Burke L A，Miller M K. Taking the mystery out of intuitive decision making[J]. Academy of Management Perspectives，1999，13（4）：91-99.

[4] Holland D V，Shepherd D A. Deciding to persist：adversity，values，and entrepreneurs' decision policies[J]. Entrepreneurship Theory and Practice，2013，37（2）：331-358.

[5] Markman G D，Baron R A，Balkin D B. Are perseverance and self-efficacy costless? Assessing entrepreneurs' regretful thinking[J]. Journal of Organizational Behavior，2005，26（1）：1-19.

[6] Shane S，Locke E A，Collins C J. Entrepreneurial motivation[J]. Human Resource Management Review，2003，13（2）：257-279.

[7] Bird B. Implementing entrepreneurial ideas：the case for intention[J]. Academy of Management Review，1988，13（3）：442-453.

[8] Cardon M S，Kirk C P. Entrepreneurial passion as mediator of the self-efficacy to persistence relationship[J]. Entrepreneurship Theory and Practice，2015，39（5）：1027-1050.

[9] Markman G D，Baron R A. Person-entrepreneurship fit：why some people are more successful as entrepreneurs than others[J]. Human Resource Management Review，2003，13（2）：281-301.

[10] Przepiorka A. What makes successful entrepreneurs different in temporal and goal-commitment dimensions?[J].

Time & Society，2016，25（1）：40-60.

[11] Alvarez S A，Busenitz L W. The entrepreneurship of resource-based theory[J]. Journal of Management，2001，27（6）：755-775.

[12] DeTienne D R，Shepherd D A，de Castro J O.The fallacy of “only the strong survive”：the effects of extrinsic motivation on the persistence decisions for under-performing firms[J]. Journal of Business Venturing，2008，23（5）：528-546.

[13] Patel P C，Thatcher S M B. Sticking it out：individual attributes and persistence in self-employment[J]. Journal of Management，2014，40（7）：1932-1979.

[14] 牛芳，张玉利，杨俊. 坚持还是放弃？基于前景理论的新生创业者承诺升级研究[J]. 南开管理评论，2012，15（1）：131-141.

[15] Baum J R，Locke E A. The relationship of entrepreneurial traits，skill，and motivation to subsequent venture growth[J]. Journal of Applied Psychology，2004，89（4）：587-598.

[16] Adomako S，Danso A，Uddin M，et al. Entrepreneurs' optimism，cognitive style and persistence[J]. International Journal of Entrepreneurial Behavior & Research，2016，22（1）：84-108.

[17] Gartner W B，Gatewood E，Shaver K G. Reasons for Starting a Business：Not-so-simple Answers to Simple Questions[M]. Chicago：University of Illinois at Chicago，1991.

[18] Bradley-Geist J C，Landis R S. Homogeneity of personality in occupations and organizations：a comparison of alternative statistical tests[J]. Journal of Business and Psychology，2012，27（2）：149-159.

[19] Holland D V，Garrett R P. Entrepreneur start-up versus persistence decisions：a critical evaluation of expectancy and value[J]. International Small Business Journal，2015，33（2）：194-215.

[20] Liao J，Gartner W B. The effects of pre-venture plan timing and perceived environmental uncertainty on the persistence of emerging firms[J]. Small Business Economics，2006，27（1）：23-40.

[21] Klyver K，Honig B，Steffens P. Social support timing and persistence in nascent entrepreneurship：exploring when instrumental and emotional support is most effective[J]. Small Business Economics，2018，51（3）：709-734.

[22] Cardon M S，Gregoire D A，Stevens C E，et al. Measuring entrepreneurial passion：conceptual foundations and scale validation[J]. Journal of Business Venturing，2013，28（3）：373-396.

[23] Zhu F，Hsu D K，Burmeister-Lamp K，et al. An Investigation of entrepreneurs' venture persistence decision：the contingency effect of psychological ownership and adversity[J]. Applied Psychology，2018，67（1）：136-170.

[24] Holland D V. Utility maximization? An expectancy view of entrepreneurial persistence[J]. Management Research Review，2011，34（3）：337-352.

[25] Eisenberger R，Leonard J M. Effects of conceptual task difficulty on generalized persistence[J]. The American Journal of Psychology，1980，93（2）：285-298.

[26] Gompers P，Kovner A，Lerner J，et al. Performance persistence in entrepreneurship[J]. Journal of Financial Economics，2010，96（1）：18-32.

[27] Gatewood E J, Shaver K G, Gartner W B. A longitudinal study of cognitive factors influencing start-up behaviors and success at venture creation[J]. Journal of Business Venturing, 1995, 10(5): 371-391.

[28] McGrath R G. Falling forward: real options reasoning and entrepreneurial failure[J]. Academy of Management Review, 1999, 24(1): 13-30.

[29] Stam E, Thurik R, van der Zwan P. Entrepreneurial exit in real and imagined markets[J]. Industrial and Corporate Change, 2010, 19(4): 1109-1139.

[30] Audia P G, Locke E A, Smith K G. The paradox of success: an archival and a laboratory study of strategic persistence following radical environmental change[J]. The Academy of Management Journal, 2000, 43(5): 837-853.

[31] Gimeno J, Folta T B, Cooper A C, et al. Survival of the fittest? Entrepreneurial human capital and the persistence of underperforming firms[J]. Administrative Science Quarterly, 1997, 42(4): 750-783.

[32] Pierce J L, Kostova T, Dirks K T. Toward a theory of psychological ownership in organizations[J]. Academy of Management Review, 2001, 26(2): 298-310.

[33] Detienne D R. Entrepreneurial exit as a critical component of the entrepreneurial process: theoretical development[J]. Journal of Business Venturing, 2010, 25(2): 203-215.

[34] Wagner S H, Parker C P, Christiansen N D. Employees that think and act like owners: effects of ownership beliefs and behaviors on organizational effectiveness[J]. Personnel Psychology, 2003, 56(4): 847-871.

[35] Judge T A, Thoresen C J, Pucik V, et al. Managerial coping with organizational change: a dispositional perspective[J]. Journal of Applied Psychology, 1999, 84(1): 107-122.

[36] Davidsson P, Honig B. The role of social and human capital among nascent entrepreneurs[J]. Journal of Business Venturing, 2003, 18(3): 301-331.

[37] Tokar D M, Thompson M N, Plaufcan M R, et al. Precursors of learning experiences in social cognitive career theory[J]. Journal of Vocational Behavior, 2007, 71(3): 319-339.

[38] Astebro T, Herz H, Nanda R, et al. Seeking the roots of entrepreneurship: insights from behavioral economics[J]. Journal of Economic Perspectives, 2014, 28(3): 49-70.

[39] Erikson T.Entrepreneurial capital: the emerging venture's most important asset and competitive advantage[J]. Journal of Business Venturing, 2002, 17(3): 275-290.

[40] Kahneman D, Tversky A. Prospect theory: an analysis of decision under risk[J]. Econometrica, 1979, 47(2): 363-391.

[41] Brockner J, Higgins E T, Low M B. Regulatory focus theory and the entrepreneurial process[J]. Journal of Business Venturing, 2004, 19(2): 203-220.

[42] Katz J A. Modelling entrepreneurial career progressions: concepts and considerations[J]. Entrepreneurship Theory and Practice, 1995, 19(2): 23-39.

[43] Schwartz S H. Universals in the content and structure of values: theory and empirical tests in 20 countries [J]. Advances in Experimental Social Psychology, 1992, 25: 1-65.

[44] Carter N M, Gartner W B, Shaver K G, et al. The career reasons of nascent entrepreneurs[J]. Journal of Business Venturing，2003，18（1）：13-39.

[45] Amit R，MacCrimmon K R，Zietsma C，et al. Does money matter?Wealth attainment as the motive for initiating growth-oriented technology ventures[J]. Journal of Business Venturing，2001，16（2）：119-143.

[46] Baron R A. The role of affect in the entrepreneurial process[J]. Academy of Management Review, 2008, 33(2)：328-340.

[47] Hoang H，Gimeno J. Becoming a founder：how founder role identity affects entrepreneurial transitions and persistence in founding[J]. Journal of Business Venturing，2010，25（1）：41-53.

[48] Uy M A，Foo M-D，Ilies R. Perceived progress variability and entrepreneurial effort intensity：the moderating role of venture goal commitment[J]. Journal of Business Venturing，2015，30（3）：375-389.

[49] Delmar F，Shane S. Does business planning facilitate the development of new ventures?[J]. Strategic Management Journal，2003，24（12）：1165-1185.

[50] Hamilton B H. Does entrepreneurship pay? An empirical analysis of the returns to self-employment[J]. Journal of Political Economy，2000，108（3）：604-631.

[51] Brunsson N. The irrationality of action and action rationality：decisions, ideologies and organizational actions[J]. Journal of Management Studies，1982，19（1）：29-44.

[52] Mattingly E S, Kushev T N, Ahuja M K, et al. Switch or persevere? The effects of experience and metacognition on persistence decisions[J]. International Entrepreneurship and Management Journal, 2016, 12(4)：1233-1263.

[53] Levinthal D A，March J G. The myopia of learning[J]. Strategic Management Journal，1993，14（S2）：95-112.

[54] Levinthal D A. Random walks and organizational mortality[J]. Administrative Science Quarterly, 1991, 36(3)：397-420.

[55] Bastié F, Cieply S, Cussy P. The entrepreneur's mode of entry：the effect of social and financial capital[J]. Small Business Economics，2013，40（4）：865-877.

[56] Elfring T，Hulsink W. Networks in entrepreneurship：the case of high-technology firms[J]. Small Business Economics，2003，21（4）：409-422.

[57] Hanlon D，Saunders C. Marshaling resources to form small new ventures：toward a more holistic understanding of entrepreneurial support[J]. Entrepreneurship Theory and Practice，2007，31（4）：619-641.

[58] 晋琳琳，陆昭怡，奚菁. 创业者的人格开放性对创业绩效的影响：毅力的调节作用[J]. 科学学与科学技术管理，2014，35（8）：115-124.

[59] 关培兰，罗东霞. 女性创业者积极心理资本与创业发展[J]. 经济管理，2009，31（8）：81-88.

[60] Lau P V. Developing and validating the entrepreneurial career success scale and testing its antecedents and consequences in the context of Southeast Asian values[D]. Hong Kong：The Hong Kong Polytechnic University，2002.

[61] Lauriola M，Levin I P. Personality traits and risky decision-making in a controlled experimental task：an exploratory study[J]. Personality and Individual Differences，2001，31（2）：215-226.

[62] Gilbert P. The evolution of social attractiveness and its role in shame, humiliation, guilt and therapy[J]. British Journal of Medical Psychology, 1997, 70（2）: 113-147.

[63] Keil M, Mann J, Rai A. Why software projects escalate: an empirical analysis and test of four theoretical models[J]. Mis Quarterly, 2000, 24（4）: 631-664.

[64] Alderfer C P. An empirical test of a new theory of human needs[J]. Organizational Behavior and Human Performance, 1969, 4（2）: 142-175.

[65] Justo R, Detienne D R. Family situation and the exit event: an extension of threshold theory[J].Frontiers of Entrepreneurship Research, 2008, 28（14）: 1-13.

# Entrepreneurial Persistence: Review and Future Prospects

Weng Qingxiong, Yang Yuan, Zhao Haiyuan

（School of Management, University of Science and Technology of China, Hefei 230026, China）

**Abstract**: This paper reviews the literatures on the connotation, measurement, antecedent and result variables perspectives of entrepreneurial persistence. It summarizes the research trends and context, and puts forward to the future research direction of entrepreneurial persistence.

**Keywords**: entrepreneurial persistence; entrepreneur; entrepreneurial persistence measurement

# 性别和创业研究的可视化分析——基于科学计量*

朱丽[1]，陈春花[1]，郭一蓉[2]，刘军[3]

（1.北京大学 国家发展研究院，北京 100871；2.清华大学 经济管理学院，北京 100084；
3.中国人民大学 商学院，北京 100872）

**摘要：**本文运用科学计量学方法，以 Web of Science 中 1990~2016 年收录的 926 篇论文为基础，对“性别与创业”这一研究主题进行系统梳理和述评，从研究趋势、主要研究国家和研究机构、关键节点、研究阶段和研究热点演进及研究前沿等方面展开深入分析和探讨。

**关键词：**性别；创业；知识图谱；可视化分析

**中图分类号：C93**　　　　**文献标识码：A**

## 1　研究背景

自 2014 年夏季达沃斯论坛提出“大众创业、万众创新”的号召，到 2015 年“大众创业、万众创新”被正式写入政府工作报告，政府政策激发了亿万群众的创造力，激活了民族的创业精神和创新基因，中国进入了创新创业的新时代。随着信息技术的飞速发展，企业迎来了革命性变革，其中较为突出的是互联网带来的机会平等和公平，性别、受教育程度、知识和信息获取及社会资本等方面的影响逐渐缩小。信息技术将更多劳动力从家庭生活中释放出来，中国转型经济时期也释放了巨大的职业空间，并呈现出对多种新商业形态的包容，因此越来越多的女性创业者进入了新兴行业和领域，并在中国经济发展过程中承担重要的角色。中国

---

* 基金项目：国家社会科学基金项目“内外部多重网络交互情境下自组织团队持续创造力研究”（18BGL126）；教育部人文社会科学研究规划基金项目“中庸思维对女性领导者应对角色冲突的影响及效果”（19YJA630104）。

作者简介：朱丽（1985—），女，河北衡水人，北京大学国家发展研究院在站博士后，研究方向为组织行为学、社会网络和创新创业、管理理论与实践价值挖掘；陈春花（1964—），女，广东湛江人，北京大学国家发展研究院、华南理工大学工商管理学院教授，研究方向为组织行为学、企业文化管理、中国企业成长模式研究、管理理论与实践价值挖掘；（通讯作者）郭一蓉（1991—），女，山西吕梁人，清华大学经济管理学院在站博士后，研究方向为组织行为学、领导力、社会网络和创新创业；刘军（1974—），男，湖北荆门人，中国人民大学商学院教授，研究方向为组织行为与人力资源管理。

企业家智库和木兰汇公益基金会，联合发布了主题为“创业是一场无性别运动”的《2017中国女性创业报告》，报告指出中国已成为全球创业最为活跃的国家，各国政府也都聚焦于对女性商业价值的挖掘和开发。

早期研究指出创业的权力结构、层次和系统，都是以男性作为中心的。然而，在21世纪知识经济时代，女性获得了更多的机会和男性同台竞技[1]。以往的“企业家”是一个男性性别（male-gendered）主导的概念，概念本身使女创业者成为“其他”[2]。而伴随着新技术释放家庭劳动力，以及商业形态多样化和家庭观念的转变，性别和创业的关系正在悄无声息地发生根本性转变。我国学者指出，随着妇女在中国政治、经济、社会、家庭地位等多方面的巨大变化，一个典型的社会现象——中国女企业家阶层已呈现[3]。《2017中国女性创业报告》指出，中国女性的创业活动指数高于世界平均水平，中国女创业者数量约为总创业者数量的四分之一，在经济发达且活跃的浙江省，每19名女性中就有一个是老板。

我国女企业家约占全国企业家总数的20%，自主创业比例也接近男性水平，达到了21%，女性创业逐渐成为推动经济发展的新生力量，女性的人力资本得到空前提高，企业界也越来越多地活跃着女创业者的身影[1]。因此女性创业已经不单是性别问题，在新时代的背景下已转变为经济问题，性别和创业的研究有待新的审视，因此系统回顾性别和创业之间的关系具有重要现实意义。过去30多年的创业研究发现，创业者性别是创业过程中的重要因素。在互联网时代背景下，创业者的性别劣势依然存在[4]，因此通过认识性别差异的影响，可以有针对性地提升创业过程中的经验和技术，以有效避免和控制性别劣势并充分运用性别优势，对新时期创业和经济发展至关重要。本文在对国外研究综述的基础上，探索性别和创业之间的关系，从而为新时期重新解读及推动中国企业家经济提供经验借鉴，为进一步研究奠定基础。

## 2 研究方法与数据来源

### 2.1 研究方法

本文选择CiteSpace V（5.0.R2）作为性别和创业研究的可视化分析工具。CiteSpace V是由美国德雷塞尔大学计算机与情报学院（College of Computing and Informatics，Drexel University）陈超美教授基于Java平台研发的可视化软件，它主要基于共引（co-citation）分析理论和关键路径（Path Finder）算法等，对任何领域的现有研究成果（文献）进行可视化文献计量，从而可以直观呈现该学科领域的知识地图和信息全景，如某学科领域中的关键文献、热点研究和前沿的演进历程识别等[5]。

CiteSpace对分析的数据文件名有特殊要求，文件名需要以“download”开头方能导入软件。将数据导入CiteSpace软件后，经过一系列的设置（如时区选择、阈值选择、裁剪选择等），我们便可实现针对施引文献和被引文献的11种功能：对于施引文献可以绘制合作网络

（作者合作、国家合作、研究机构合作）、共现网络（关键词共现、主题词共现、学科类别共现）、耦合网络和基金网络；对于被引文献可以绘制共被引网络（文献共被引、作者共被引、期刊共被引）。此外，对于绘制所得的网络图谱，CiteSpace 可提供三种可视化视图：聚类视图（Cluster View）、时间线视图（Time-Line View）和时区视图（Time-Zone View）。其中聚类视图可从不同角度展示出研究领域的分布情况，而时间线视图和时区视图则更着重于描述各个研究领域随时间的演变趋势和相互影响[6]。

CiteSpace 绘制的知识图谱，采用年轮环的方式表示分析对象在不同时间段内出现（被引）的频次。其中，分析对象用节点来表示，节点大小表示整个时间跨度内出现（被引）频次，节点之间的连线则表示共现（共被引）关系，其粗细表示共现（共被引）的强度。在 CiteSpace 分析中，以中心度作为节点在网络图谱中连接作用大小的衡量，节点文献的中心度得分越高，其在领域内的发展就越具有“知识拐点”的作用，是知识流动的“桥梁”，在网络图谱中有特殊意义，需要重点关注和分析[7]。高中心度（≥0.1）的节点文献被深色圆环标注，圆环的厚薄表示中心度的高低。

## 2.2 数据来源

研究数据取自“Web of Science 核心合集”，时间跨度为 1990 年 1 月 1 日到 2016 年 12 月 31 日，主要对 SCI 和 SSCI 索引的论文进行检索，具体检索表达式为：主题=（“Entrepreneur*”）AND 主题=（“Gender*”），文献类型限定为期刊论文（Article），语言类型设定为英语（English），最后获得 1990 年 1 月 1 日到 2016 年 12 月 31 日，共计 962 篇文献，数据下载日期为 2017 年 1 月 15 日。性别和创业研究的发文量年份分布如图 1 所示。总体上看，性别和创业研究发文量呈逐年递增趋势。数据显示：2004 年以前，年发文量不稳定且数量少，每年发文量低于 20 篇；2004 年以后，发文量呈快速上升趋势，在 2015 年发文量达到顶峰。以上表明，性别和创业研究在 1990~2004 年的发文量较少且呈波动状态，该领域研究处于酝酿时期；2005~2016 年发文量逐年高幅度增加，该领域的研究逐渐成为一个研究热点，受到越来越多学者的关注和重视。

## 2.3 数据处理

将数据导入 CiteSpace 软件，进行相应可视化分析前，我们对以上数据进行了除重处理。最后，我们设置的文献检索范围为“1990~2016”，其他设置针对不同研究问题，进行相应选择。

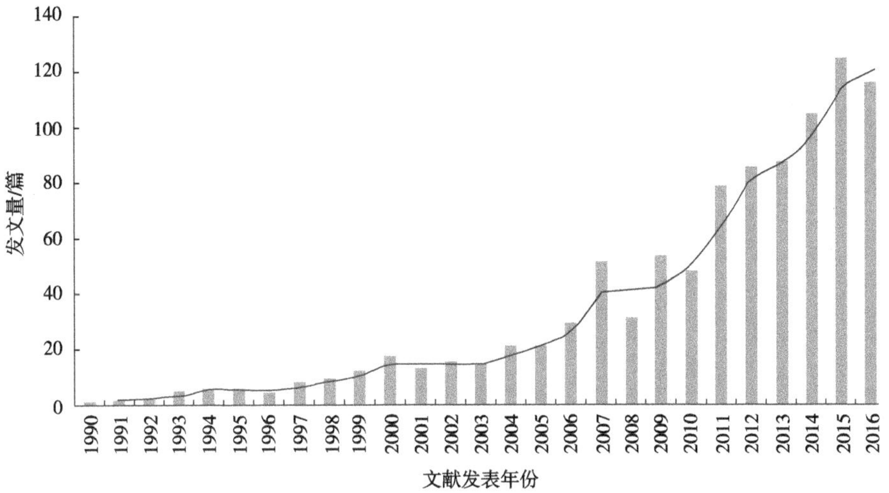


**图 1 1990~2016 年性别和创业研究发文量年份分布**

图中柱状图表示年发文量，折线图表示平均的发文趋势

# 3 基于 CiteSpace 的知识图谱可视化分析

## 3.1 主要国家与研究机构分析

在 CiteSpace 中，以“Country”（国家）和“Institution”（机构）为网络节点类型（Node Types），阈值选择标准（Selection Criteria）中选 Top50（每个时间切片中出现或被引频次的前 50 项），选择“Path Finder”和修剪合并网络（Pruning the Merged Network）的网络剪裁方式，运用 CiteSpace 软件得出，节点 183 个，连线 204 条，网络密度为 0.0123 的国家和研究机构合作的混合关系网络（对分析结果感兴趣的读者，可以联系通讯作者索取图片）。

结合表 1，从发表数量上看（发文量指标），美国（USA）的文献贡献率最大（358 篇），遥遥领先于其他国家，其次是英国（ENGLAND）（122 篇）、加拿大（CANADA）（66 篇）、西班牙（SPAIN）（59 篇）、澳大利亚（AUSTRALIA）（48 篇）和德国（GERMANY）（43 篇）。结合表 2，从研究机构的发文量来看，前十名中美国的研究机构占五所，合计数量达 55 篇。美国作为性别和创业研究领域论文产量最大的国家，其研究机构主要分布在大学中，如北卡罗来纳大学（University of North Carolina）（19 篇）、印第安纳大学（Indiana University）（10 篇）、威斯康星大学（University of Wisconsin）（9 篇）等。

表 1　国家发文量 Top 10

| 国家排名 | 国家发文量/篇 | 国家中心度 | 国家名称 |
|---|---|---|---|
| 1 | 358 | 0.48 | USA |
| 2 | 122 | 0.62 | ENGLAND |
| 3 | 66 | 0.16 | CANADA |
| 4 | 59 | 0.20 | SPAIN |
| 5 | 48 | 0.46 | AUSTRALIA |
| 6 | 43 | 1.10 | GERMANY |
| 7 | 43 | 0.28 | NETHERLANDS |
| 8 | 39 | 0.12 | SWEDEN |
| 9 | 26 | 0.92 | SCOTLAND |
| 10 | 23 | 0.18 | CHINA |

表 2　研究机构发文量 Top 10

| 研究机构排名 | 研究机构发文量/篇 | 研究机构中心度 | 研究机构名称 |
|---|---|---|---|
| 1 | 19 | 0.14 | University of North Carolina |
| 2 | 10 | 0.12 | Indiana University |
| 3 | 9 | 0.41 | University of Wisconsin |
| 4 | 9 | 0.06 | Babson College |
| 5 | 8 | 0.12 | Harvard University |
| 6 | 8 | 0.04 | University Valencia |
| 7 | 8 | 0.00 | Radboud University Nijmegen |
| 8 | 7 | 0.00 | University of Toronto |
| 9 | 6 | 0.50 | University of Strathclyde |
| 10 | 6 | 0.31 | Erasmus University Rotterdam |

此外，从文章影响力来看（中心度指标），发文量仅有43篇的德国节点中心度最大（1.10），表明德国发文量虽然不是最多的，但是在学术界影响较大，体现了少而精的特点，文章影响力紧随其后的是苏格兰（SCOTLAND）（0.92）、英国（0.62）、美国（0.48）、澳大利亚（0.46）。在研究机构中，影响力排在前三位的分别是斯特拉斯克莱德大学（University of Strathclyde）（0.50），威斯康星大学（0.41）和鹿特丹伊拉姆斯大学（Erasmus University Rotterdam）（0.31）。

对于我国而言，目前在性别和创业研究方面有以下三个特点：首先，总量排行在第十名，发文量仅为23篇，占第一名发文量的6.42%（美国358篇）；其次，在网络关系中处于边缘且和其他国家或研究机构联通较少；最后，在研究机构上，我国该领域研究的科研团队成果较少且合作关系有待拓展。所有该领域未来的研究需要进行广泛的国际和机构间合作，以提升我国在性别和创业的研究中的地位和影响力。

## 3.2　关键节点分析

关键节点的定义是连接两个或以上聚类间的节点，一般中心度和被引用频次都比较高，是在网络关系中不同研究时间段之间的关键点[8]。由此可见，在文献共被引网络中，识别关键节点就可以识别出连接不同聚类和不同时间段的“桥梁”。因此，我们对性别和创业的研究，在现有文献基础上，通过共被引网络知识图谱的方式，进行关键节点文献的深入分析，有利于从直观和定量两个角度，识别出该领域的核心及其经典文献，体现性别与创业领域文献的深度。

在 CiteSpace 中选择“Cited Reference”作为节点类型，将主题词来源设定为文献标题（Title）、摘要（Abstract）、关键词（Descriptors）、增补关键词（Keywords Plus），阈值选择标准中选 Top50，选择“Path Finder”和“Pruning the Merged Network”作为算法，得到共被引网络图谱（对分析结果感兴趣的读者可以联系通讯作者索取图片）。

在共被引网络图谱中有 339 个节点，569 条连线，网络密度为 0.0099。对该网络图谱进行汇总，得到 9 个在性别和创业领域研究中具有学术影响力和地位的关键文献，如表 3 所示。这些文献可说是这一领域的奠基性文献。

**表 3　共被引网络图谱关键节点信息**

| 序号 | 节点作者 | 出版年 | 论文刊载 | 中心度 | 被引频次 |
|---|---|---|---|---|---|
| 1 | SEXTON D L | 1990 | *Journal of Business Venturing* | 0.38 | 46 |
| 2 | KALLEBERG A L | 1991 | *Academy of Management Journal* | 0.27 | 67 |
| 3 | FISCHER E M | 1993 | *Journal of Business Venturing* | 0.18 | 79 |
| 4 | BRUSH C | 1992 | *Entrepreneurship Theory and Practice* | 0.17 | 103 |
| 5 | MIRCHANDANI K | 1999 | *Gender Work & Organization* | 0.17 | 60 |
| 6 | KRUEGER N F | 2000 | *Journal of Business Venturing* | 0.12 | 47 |
| 7 | MARLOW S | 2005 | *Entrepreneurship Theory and Practice* | 0.11 | 53 |
| 8 | AHL H | 2006 | *Entrepreneurship Theory and Practice* | 0.10 | 89 |
| 9 | EVANS D S | 1989 | *The American Economic Review* | 0.10 | 46 |

资料来源：笔者根据数据整理，节点作者为文献的第一作者，详细信息可与本文参考文献对应

很多关于女性创业经验的研究最开始都是集中在女性企业家和男性企业家之间的相似性和差异性，并对差异进行解释[9]。那么，在创业过程中，性别差异真的存在吗？

答案是肯定的。所谓性别差异肯定存在，是指男性和女性在人口统计变量、心理素质、社会交往、教育经历、家庭角色、商业观念、工作经验/技能、创业/收购方法、业务目标等方面确实存在一定的差异性[10-12]。这种差异是各有优劣的。Sexton 和 Bowman-Upton[12]进行了一项系统的对比后发现，女性创业者在自主性和灵活性方面优于男性创业者，但是在不确定性方面的承受力处于劣势。Nelton[13]指出女性对于团队建设和共识的态度，使得女性相较于男性更适合领导企业度过成长期。Brush 指出女性创业者倾向于认为其所经营的企业处于一个合作关系网络之中，而不是独立的经济体[10]。而当一个女性开始或收购一个企业，这套业务关系就会“融入”她的生活[14]。但是，男女创业者的性别差异常常被滥用，尤其是在技术和经济为主导的社会背景下，外界在评价女性创业者时常常带有一种消极的刻板印象，认为女性创业者具有较高的失败比率和较低的成长率[11]。

然而，针对这个问题，答案又可以是否定的。所谓否定是指，虽然男性和女性由于性别差异会带来一系列心理、态度和行为特征的不同，但是这种不同并不会影响创业者的管理能力、企业绩效和企业家精神。社会女性主义理论认为，虽然在早期教育和后续的社交方面男女存在本质差异，然而这并不意味着女性不如男性，并且男女之间所存在的差异几乎对业务绩效没有影响[15]。在中心度位于第一的奠基性文献中（中心度=0.38），Sexton 和 Bowman-Upton 选取销售和雇员人数方面排名前 10%的创业公司进行研究，发现创业者的性别差异对公司的管理能力并没有影响。尽管女创业者通常会受到性别歧视，但这只是大众的一种刻板印象[12]。进一步地，在中心度排在第二的经典文献中（中心度=0.27），Kalleberg 和 Leicht 分析了 411 家涵盖计算机销售和软件、食品和饮料、卫生保健行业的三年期数据，结果也证明在决定小企业绩效的主要过程中，由男性主导还是女性主导差异很小[11]。

此外，值得注意的是，创业是一种思维方式，并且是一种强调机会而不是威胁的思维方式。创业机会识别过程是一个非常有趣的过程，因此创业者的创业意图、创业精神也引起了研究者的讨论。研究表明，对于理解和预测创业行为时，情境变量（如就业状况、信息线索等）和个人变量（如人口统计特征、性格特征等）都是较差的预测因子。Evans 和 Leighton[16] 的研究证明自主性创业不依赖于创业者在之前 20 年的人生经验也不依赖于年龄，虽然这项结果与当时流行的认知相反，不符合职业选择的不完全信息模型，但是这可以很好地解释创业者选择的行为模式。Krueger 等[17]针对 Ajzen 的计划行为理论[18]与 Shapero 和 Sokol 的创业者事件模型[19]，采用竞争模型方法比较了两者的回归分析结果后发现，创业者的意图是任何计划行为包括创业精神的唯一最佳预测因素；个人变量和情境变量通过影响关键态度和总体行动动机（如自我效能）对创业精神产生间接影响；创业者意图模型具有通用性和稳健性，可以作为创业研究中综合的、理论驱动的、可测试的过程模型。

总体来看，一定的性别差异会带来外显特征的不同，但是这并不能为性别的成见提供证明。相反地，性别的成见反而在一定程度上阻碍了女性的成功。在中心度位于第三的经典文献（中心度=0.18）中，Fischer 等提出自由女权主义理论，进一步解释了性别歧视的危害。该理论指出，公开的性别歧视或被剥夺商业教育和经验资源等，妨碍了女性在商业上取得成功的能力的获得[15]，女性相对于男性处于不利地位。中心度位于第七的文献（中心度=0.11）中，Marlow 和 Patton[20]进一步证实了性别劣势能够以不同的表现方式[21, 22]，如从社会、文化、人力和金融资本的积累等方面，限制女性在创业时的能力，进而产生信贷问题[23-25]，这些因素综合作用影响企业生存发展，反过来又加强了女性在创业中的消极形象。

虽然在资源获得上，女性创业者处于不利地位，但是这并不意味着所有女性领导的企业都注定被“淘汰”或保持静止。研究者也提供了一定的解决方案，首先，女性创业者若能突破结构性，积极地进行游说变革，她们就不会成为刚性系统中的“受害者”，并且可以进一步充分参与商业规范的制定[20]。其次，若要解决女性创业问题，还需要消除或是解决导致女性无法获得经验与资源的系统性因素。尽管传统的课堂和一般的咨询服务很难弥补女性缺乏的能力，但是这些经验都可以在实践中获得。企业可以把更多的资金用于以学徒制度为中心的培养方案，而不是面向以课堂教学为中心的方案，来更好地帮助女性创业[15]。最后，对于女性创业者的研究重点应该放到性别相关的制度构建和秩序重建上，如商业立法、家庭政策、创业者支持系统、文化规范、安排儿童保育、改善性别分工等都可以成为未来帮助女性创业的研究方向[26]。例如，Pernilla 以瑞典女性创业者为研究对象，发现她们在接受了适当的培训后，表现非常出色，这证明了支持系统的重要性[27]。

以上这些心理学和社会学文献，为经济学家模型的构建和完善提供了参考，也为性别和创业研究提供了心理层面探索的根基。

## 3.3 研究阶段与研究热点演进分析

研究热点是一定时间段内，被研究者广泛研究，且相互之间存在内在关联的一组论文中呈现的专题或是研究问题 [28]。科学计量学中的词频分析法，通过对主题词或是关键词的频次统计来分析研究动向和热点的发展[29]。研究热点的识别，可以帮助我们分析某一研究领域随着时间发展的动态热点变迁，因此本文通过借助 CiteSpace 进行关键词共现分析，来进行性别和创业领域的研究热点的演进分析。在 CiteSpace 节点类型中选择 “Keyword”，每两年为一个分割时间片段，在阈值选择标准中选择 “Top *N* per slice”，且设定为 Top50，其他选项保持默认。运行 CiteSpace V，绘制关键词共现网络时区视图（对分析结果感兴趣的读者可以联系通讯作者索取图片），运用 Time-Zone 的视图方式，可以更好地展现性别和创业研究中的研究热点所对应的时间区间，以及热点之间的关联，更形象地说明这一领域研究热点的演变跨度；同时对关键词进行聚类分析，可以获得关键词年度变化分布的关键词列表（表 4）。

**表 4 关键词（频次≥21）列表**

| 时间 | 关键词（英文） | 关键词 | 频次 | 时间 | 关键词（英文） | 关键词 | 频次 |
|---|---|---|---|---|---|---|---|
| 1990~1999 年 | gender | 性别 | 488 | 2000~2004 年 | entrepreneurship | 创业 | 371 |
| | women | 女性 | 199 | | growth | 成长 | 93 |
| | performance | 成效 | 157 | | work | 工作 | 84 |
| | entrepreneur | 创业者 | 100 | | business | 商业 | 61 |
| | success | 成功 | 77 | | United States | 美国 | 57 |
| | men | 男性 | 54 | | family | 家庭 | 54 |
| | firm | 企业 | 48 | | model | 模式 | 46 |
| | determinant | 决定因素 | 43 | | gender difference | 性别差异 | 43 |
| | motivation | 动机 | 26 | | behavior | 行为 | 27 |
| 2000~2004 年 | market | 市场 | 27 | 2005~2009 年 | Women-entrepren-eur | 女创业家 | 59 |
| | risk | 冒险 | 21 | | perspective | 观点 | 51 |
| | industry | 行业 | 21 | | organization | 组织 | 44 |

续表

| 时间 | 关键词（英文） | 关键词 | 频次 | 时间 | 关键词（英文） | 关键词 | 频次 |
|---|---|---|---|---|---|---|---|
| 2005~2009 年 | management | 管理 | 43 | 2005~2009 年 | attitude | 态度 | 23 |
| | perception | 感知 | 37 | | personality | 人格 | 23 |
| | network | 网络 | 36 | | discourse | 论述 | 22 |
| | identity | 身份 | 35 | | race | 比赛 | 21 |
| | impact | 影响 | 34 | | enterprise | 企业 | 21 |
| | culture | 文化 | 32 | 2010~2016 年 | entrepreneurial intention | 创业意向 | 56 |
| | innovation | 创新 | 30 | | self-efficacy | 自我效能 | 36 |
| | employment | 雇佣 | 28 | | education | 教育 | 30 |
| | credit | 信用 | 26 | | planned-behavior | 计划行为 | 24 |

资料来源：笔者根据数据整理

性别和创业研究按时间动态将其分为以下四个阶段。

第一阶段（1990~1999 年）：创业者性别差异研究的奠基。此阶段的研究热点关键词有“gender”“women”“performance”“entrepreneur”“success”“men”“firm”“determinant”“motivation”等。在关键节点的文献为 *Female and male entrepreneurs：psychological characteristics and their role in gender-related discrimination*[12]；*Gender and organizational performance：determinants of small business survival and success*[11]；*A theoretical overview and extension of research on sex，gender，and entrepreneurship*[15]；*Research on women business owners：path trends，a new perspective and future directions*[10]；*Feminist insight on gendered work：new directions in research on women and entrepreneurship*[9]；*Some empirical aspects of entrepreneurship*[16]等。该阶段主要是从心理学、社会学及女性主义理论，围绕性别差异、心理特征、管理能力、社会交往、教育经历、商业关系等方面，解释性别差异和创业的关系。创业研究第一阶段的突出特征是关注性别特征差异。

第二阶段（2000~2004 年）：创业性别研究外部环境识别阶段。此阶段的研究热点关键词有“entrepreneurship”“growth”“work”“business”“United States”“family”“model”“gender difference”等。在关键节点的文献 *Competing models of entrepreneurial intentions* 中，Krueger 等指出需要特别关注创业者的意图，并据此提供了一种更好地解释和预测创业精神的方法[17]。*The pervasive effects of family on entrepreneurship：toward a family embeddedness perspective* 的引用率较高，该研究指出家庭和企业是不可分割的，家庭角色的变化对商业机会、创业启动和资源调动等过程都具有影响，因而创业研究也需要从家庭的视角进行分析[30]。该阶段的关注重点开始从个体转向外部环境。

第三阶段（2005~2009 年）：创业性别研究内外因素结合阶段。此阶段的研究热点关键词

有 “women entrepreneur” “perspective” “organization” “management” “perception” “network” “identity” “impact” “culture” “innovation” 等。*All credit to men?Entrepreneurship, finance, and gender* 从“可用性”和“融资获得”两个维度提出研究性别和创业的四象限[20]。*Why research on women entrepreneurs needs new directions*[26]主张通过制度秩序的重构来解决性别带来的劣势地位，指出未来的研究将更侧重于探索适合女性创业的因素和内容[26]。*Women directors on corporate boards: a review and research agenda* 中 Terjesen 等[31]从个人层面和环境层面中的理论、制度、资源等不同视角出发，对十余个领域 400 篇文章进行了综述，系统地分析了董事会中性别的多样性如何影响公司治理和企业绩效。总之，该阶段的突出特点是将创业研究内部个人因素和政策环境等外部因素相结合。

第四阶段（2010~2016 年）：创业意向产生因素的探索阶段。此阶段的研究热点关键词有 “entrepreneurial intention” “self-efficacy” “education” “planned-behavior” 等。本阶段的引用率较高的文献为 *The relationship between entrepreneurship education and entrepreneurial intentions: a meta-analytic review*，该研究对 73 个研究总样本 37 285 人进行元分析，发现创业教育和创业意图之间存在相关性，但是二者的相关系数很小（0.143）[32]。*Mediation and moderated mediation in the relationship among role models, self-efficacy, entrepreneurial career intention, and gender* 发现角色模型对创业意向有显著的积极的影响，在此过程中性别具有调节的作用，而自我效能具有中介作用[33]。*Factors affecting entrepreneurial intention levels: a role for education* 指出个人态度和行为控制感是解释创业意图的关键因素，并据此探索了培育和促进创业精神的有效教育模式和教育计划评估工具[34]。该阶段开始追本溯源，着重探索对创业源泉的挖掘。

## 3.4 研究前沿分析

研究前沿识别是科学研究中的重要议题，有利于寻找具有发展潜力的研究主题或研究领域[35]，有利于研究者把脉现有研究动态和预测未来发展方向，是研究者对现有研究和未来发展进行高效精准把握的基础。本文通过可视化文献计量工具 CiteSpace 进行突变检测算法（burst detection algorithm），从文献的标题、摘要、关键词、增补关键词中提取出突现词（Burst Term），突破仅仅利用词频统计的方式，依靠词频的变动趋势进行深度识别，从而进行研究前沿和未来发展趋势的分析。在 CiteSpace 主题词类型中选择 “Burst Term”，节点类型中选择 “Cited Reference” 和 “Terms”，阈值选择标准中选择 “Top N per slice”，且设定为 Top50，其他选项保持默认。运行 CiteSpace V 软件，绘制突现词和文献共引网络的混合网络，选择 “Time-Zone” 时区网络视图，得到的突现词即性别和创业的研究前沿术语（对分析结果感兴趣的读者可以联系通讯作者索取图片）。

在创业性别研究领域内进行突现词的网络分析，得到了以下几种研究前沿术语，如 “education” “self-efficiency” “entrepreneurial intention” “planned-behavior” “knowledge” "economic-growth""direction""technology""gender-relation""entrepreneurship-education""risk-taking""opportunity"等，因此得出该领域在今后具有大发展空间和潜力的研究方面如下。

首先，创业机遇的识别。对应的前沿术语为"opportunity""risk-taking""embeddedness"等。创业机遇的识别是一种有意识的行为，创业者需要根据环境中的线索建立感知，进而识别创业机会。研究者发现，创业意图能够有效预测创业者对机遇的识别。拥有较高创业意图的个体，能够更好地根据自己的动机和意图，有意识地进行机会选择，同时避免风险[17]。创业是一个社会过程，应该放到具体的时间和情境中来考察[36]。创业机会识别在不确定环境下至关重要[37]，甚至直接决定了创业成败。

其次，创业意向的激励。对应的前沿术语为"entrepreneurial intention""self-efficiency""gender-relation"等。在该阶段，如何提升女性创业者的自我效能感，成为研究者关注的重要方面。Zhao等指出自我效能分别在创业相关课程、创业经验、风险倾向与创业意图之间的正相关关系中具有中介作用，但是自我效能在中介性别和创业意图之间的关系中没有中介作用，因为女性总体具有较低的创业意图[38]。有学者进一步指出，声誉激励可能是创业激励的一个重要方面[39]，因此多渠道的激励和调整是促进女性创业意向的关键激励机制。

再次，创业教育的保障。对应的前沿术语为"education""entrepreneurship-education"等。Wilson等以学生为研究对象，探讨了性别、创业自我效能和创业意图三者之间的关系，发现接受了"创业者精神"教育后的女性，其创业自我效能感被创业意图影响的程度要高于男性[40]。尽管无论女性还是男性都拥有创业兴趣，都认为接受教育可以减少创业过程中知识不足带来的问题，但相比于男性，自主创业的女性（62%）显著少于男性（72%）[40]。所以如何通过教育正确引导创业，以及针对不同性别提供差异化的教育，会成为以后实践和理论界有意义的研究课题。

最后，创业计划行为的重要性。对应的前沿术语为"planned-behavior"等。心理学研究中认为，在动荡的环境中，个体意图是其计划行为的最佳预测因素[18]。因此，创业精神和创业意图能够有效地预测个体的创业计划行为[25]。计划行为理论和创业者事件模型都是与创业者计划行为紧密相连的理论，未来关于创业与性别的研究，可以在这两个理论的基础上，进一步探讨哪些因素可以预测不同性别的创业计划行为，以及如何激励不同性别创业者的计划行为。

# 4　讨论

## 4.1　理论贡献与实践价值

本文借助可视化文献计量的方法对性别和创业相关研究进行了综述，是一种崭新的尝试。文章从研究国家、研究机构、经典文献、研究关键词、研究阶段、研究前沿等各个角度进行系统梳理，一方面深入拓展性别与创业领域的理论研究基础，另一方面指引实践者如何充分利用性别优势和避免劣势，无论是对理论创新和还是对创业实践都具有一定启示。

首先，本文提供了创业和性别研究领域的演进视角，帮助研究者梳理了研究核心和理论源头。随着时间的不断推进，该领域研究的重点已经从最初关注性别差异，逐步转移到了注重提升创业者创业意图，再到环境因素和教育基础等对创业过程的影响，最后又回归到了自我效能、角色模型和创业意图等基本的内容。从这个角度来看，整个领域的发展是由小及大，逐步推进，最终又回归到了研究的核心——创业者个人的企业家精神。虽然创业者的性别、年龄、教育基础和外部环境均能对创业实践活动产生一定的影响，但是最终能够起决定作用的还是创业者个人的心理能量和主观能动性。

其次，我们的研究发现，尽管在创业过程中，由于性别差异引起的心理特征、管理能力、社会交往、教育经历、家庭角色、商业关系的等因素的限制，女性创业者通常处于一定劣势，但是这并不会影响她们的管理能力和企业成功。这些严谨的科学结论能够有效地帮助女性创业者建立充分的自我效能感，在创业实践活动中，更好地激励她们一路过关斩将、披荆斩棘，最终取得创业的成功。

再次，研究者也提出可以通过商业秩序的重建，如商业立法、家庭政策、创业者支持系统、安排儿童保育、性别分工等多个方面来改善性别在创业中带来的劣势地位。这些建议非常具有实际借鉴意义。由于女性常常面临较大的社会歧视和工作家庭冲突，这些措施能够有效地帮助女性创业者解决后顾之忧，进一步凸显女性创业者追求合作、注重人际的优势，激发她们的创业潜力。

最后，虽然性别和创业相关研究已经被关注了几十年，但在文献中仍然存在一个基本的问题没有解决。如果我们想要进一步发展这一领域，需要弄清楚的一个关键问题就是，为什么我们要把“性别”作为超越其他因素的维度来划分创业者，显然仅仅根据人口统计变量和性格特征的划分是粗糙的，并且带有一定的刻板印象，容易造成先入为主的错误。

## 4.2 研究局限

首先，本文研究主要集中在性别与创业的相关研究方面。然而，关于创业的主题非常之多，我们没有采取更细致的视角来揭示某一特定区域的具体内容和结构。未来的研究可以着眼于特定的主题，如女性创业者如何平衡工作与家庭等视角，采用文献计量学方法继续描述其前沿的演变及潜在的动态。

其次，我们对 1990~2016 年的研究进行了可视化分析，对文献进行了系统的综述。这种定量方法利用客观数据进行研究并得出了一定的结论，但仍然有大量的信息隐藏在这些数据之中。例如，被引频次较高的文献的作者所属研究机构及相互的社会网络，是否在一定程度上影响研究主题的不断发展和演变，也是一个值得深究的方向。

最后，我们的研究实际上反映了一个有界样本中的现有文献。例如，本文只回顾了英文期刊中发表在 1990~2016 年的基于科学数据库的研究，没有包含中文的期刊数据库。虽然目前的样本在中外研究中都选自应用非常广泛的数据库，但未来的研究可以扩大样本选择，以进一步探索研究的整体图景。

## 参考文献

[1] 谢觉萍，王云峰. 创业女性机会识别与创业过程管理多案例研究[J]. 科技进步与对策，2016，(4)：144-148.

[2] de Beauvoir S，Parshley H M. The Second Sex[M]. New York：Vintage Books，1953.

[3] 胡怀敏，肖建忠. 不同创业动机下的女性创业模式研究[J]. 经济问题探索，2007，(8)：24-26.

[4] 穆瑞章，刘玉斌，王泽宇. 女性社会网络关系与创业融资劣势——基于PSM方法和众筹数据的经验研究[J]. 科技进步与对策，2017，(8)：80-85.

[5] 侯剑华，胡志刚. CiteSpace 软件应用研究的回顾与展望[J]. 现代情报，2013，33（4）：99-103.

[6] 陈悦，陈超美，胡志刚，等. 引文空间分析原理与应用[M]. 北京：科学出版社，2016：74-78.

[7] 辛伟，雷二庆，常晓，等. 知识图谱在军事心理学研究中的应用——基于 ISI Web of Science 数据库的 Citespace 分析[J]. 心理科学进展，2014，22（2）：334-347.

[8] Chen C. Searching for intellectual turning points：progressive knowledge domain visualization[J]. Proceedings of the National Academy of Sciences，2004，101（s）：5303-5310.

[9] Mirchandani K. Feminist insight on gendered work：new directions in research on women and entrepreneurship[J]. Gender，Work & Organization，1999，6（4）：224-235.

[10] Brush C G.Research on women business owners：past trends，a new perspective and future directions[J]. Entrepreneurship Theory and Practice，1992，16（4）：5-30.

[11] Kalleberg A L，Leicht K T. Gender and organizational performance：determinants of small business survival and success[J]. Academy of Management Journal，1991，34（1）：136-161.

[12] Sexton D L，Bowman-Upton N. Female and male entrepreneurs：psychological characteristics and their role in gender-related discrimination[J]. Journal of Business Venturing，1990，5（1）：29-36.

[13] Nelton S. Men，women and leadership[J]. Nation's Business，1991，79（5）：18-23.

[14] Brush C G，Vanderwerf P A. A comparison of methods and sources for obtaining estimates of new venture performance[J]. Journal of Business Venturing，1992，7（2）：157-170.

[15] Fischer E M，Reuber A R，Dyke L S. A theoretical overview and extension of research on sex，gender，and entrepreneurship[J]. Journal of Business Venturing，1993，8（2）：151-168.

[16] Evans D S，Leighton L S. Some empirical aspects of entrepreneurship[J]. The American Economic Review，1989，79（3）：519-535.

[17] Krueger N F，Reilly M D，Carsrud A L. Competing models of entrepreneurial intentions[J]. Journal of Business Venturing，2000，15（5/6）：411-432.

[18] Ajzen I. The theory of planned behavior[J]. Organizational Behavior and Human Decision Processes，1991，50

（2）：179-211.

[19] Shapero A，Sokol L. The social dimensions of entrepreneurship[C]//Kent C，Sexton D，Vesper K. The Encyclopedia of Entrepreneurship. Englewood Cliffs：Prentice-Hall，1982：72-90.

[20] Marlow S，Patton D. All credit to men? Entrepreneurship，finance，and gender[J]. Entrepreneurship Theory and Practice，2005，29（6）：717-735.

[21] Carter S. Gender and enterprise[C]//Carter S，Jones-Evans D. Enterprise and small business：principles，practice and policy. London：Prentice Hall，2000.

[22] Marlow S. Self-employed women-new opportunities，old challenges?[J]. Entrepreneurship & Regional Development，1997，9（3）：199-210.

[23] Carter N M，Kolvereid L. Women starting new businesses：the experience in Norway and the United States[C]. OECD Proceedings. Women Entrepreneurs in Small and Medium Enterprises. Paris：OECD Publishing，1998：185-202.

[24] Sara C，Peter R. The financing of male-and female-owned businesses[J].Entrepreneurship & Regional Development，1998，10（3）：225-242.

[25] Greene P，Brush C，Hart M，et al. Exploration of the venture capital industry：is gender an issue? [C] //BCERC Proceedings. Frontiers of Entrepreneurship Research. Wellesley：BCERC Publishing，1999：168-181.

[26] Ahl H. Why research on women entrepreneurs needs new directions[J]. Entrepreneurship Theory and Practice，2006，30（5）：595-621.

[27] Pernilla N.Business counselling services directed towards female entrepreneurs-some legitimacy dilemmas[J]. Entrepreneurship & Regional Development，1997，9（3）：239-258.

[28] 蔡建东，马婧，袁媛. 国外 CSCL 理论的演进与前沿热点问题——基于 Citespace 的可视化分析[J]. 现代教育技术，2012，22（5）：10-16.

[29] 李杰，陈超美. CiteSpace：科技文本挖掘及可视化[M]. 北京：首都经济贸易大学出版社，2016：194-205.

[30] Aldrich H E，Cliff J E. The pervasive effects of family on entrepreneurship：toward a family embeddedness perspective[J]. Journal of Business Venturing，2003，18（5）：573-596.

[31] Terjesen S，Sealy R，Singh V. Women directors on corporate boards：a review and research agenda[J]. Corporate Governance an International Review，2009，17（3）：320-337.

[32] Bae T J，Qian S，Miao C，et al. The relationship between entrepreneurship education and entrepreneurial intentions：a meta-analytic review[J]. Entrepreneurship Theory and Practice，2014，38（2）：217-254.

[33] BarNir A，Watson W E，Hutchins H M. Mediation and moderated mediation in the relationship among role models，self-efficacy，entrepreneurial career intention，and gender[J]. Journal of Applied Social Psychology，2011，41（2）：270-297.

[34] Liñán F，Rodríguez-Cohard J C，Rueda-Cantuche J M. Factors affecting entrepreneurial intention levels：a role for education[J]. International Entrepreneurship and Management Journal，2011，7（2）：195-218.

[35] 陈仕吉. 科学研究前沿探测方法综述[J]. 现代图书情报技术，2009，（9）：28-33.

[36] Hytti U. New meanings for entrepreneurs：from risk-taking heroes to safe-seeking professionals[J]. Journal of

Organizational Change Management，2005，18（6）：594-611.

[37] 杨波，冯悦旋. 基于不确定环境的创业机会识别研究[J]. 中国科技论坛，2009，（7）：109-112.

[38] Zhao H，Seibert S E，Hills G E. The mediating role of self-efficacy in the development of entrepreneurial intentions[J]. The Journal of Applied Psychology，2005，90（6）：1265-1272.

[39] 付玉秀，张洪石. 风险报酬、控制权与声誉：创业企业家的激励与约束[J]. 中国科技论坛，2003，（5）：102-106.

[40] Wilson F，Kickul J，Marlino D. Gender，entrepreneurial self-efficacy，and entrepreneurial career intentions：implications for entrepreneurship education[J]. Entrepreneurship Theory and Practice，2007，31（3）：387-406.

# Visualization Analysis of Gender and Entrepreneurship Research：Based on Scientometrics

Zhu Li[1]，Chen Chunhua[1]，Guo Yirong[2]，Liu Jun[3]

（1.National School of Development，Peking University，Beijing 100871，China；2.School of Economics and Management，Tsinghua University，Beijing 100084，China；3.School of Business，Renmin University of China，Beijing 100872，China）

**Abstract**：Based on 926 papers collected from 1990 to 2016 in Web of Science，this paper systematically combs and reviews the research of "gender and entrepreneurship" with the method of scientometrics from the aspects of research tendency，main research country and research organization，keywords，research stage and the trend of research fronts as well as the research frontier and so on.

**Keywords**：gender；entrepreneurship；knowledge map；visual analysis

# 实践类创业教育对大学生创业意愿和创业行为的影响——基于自我效能感的中介作用*

辛冲，陈新，李琳，李蕊，徐杨

（东北大学 工商管理学院，沈阳 110167）

**摘要**：本文基于 182 名大学生的问卷调研，运用多元回归分析方法，实证研究了实践类创业教育对大学生创业意愿与创业行为的影响，并验证了自我效能感的中介作用。结果表明：实践类创业教育对大学生的创业意愿和创业行为具有正向直接作用；实践类创业教育对自我效能感具有正向直接作用；创业意愿对创业行为具有正向直接作用；自我效能感在实践类创业教育对大学生创业意愿和创业行为的影响中发挥中介作用。

**关键词**：创业教育；创业意愿；创业行为；自我效能感

**中图分类号**：G642　　**文献标识码**：A

## 1　研究背景

为推动国民经济可持续发展，加快转变经济模式，国家亟须培育大量创新型人才。高等院校是国民教育事业的前沿阵地，为各行业源源不断地输送着新鲜血液，使社会经济发展保持活力。因此，开展创业教育成为高校深化高等教育教学改革、响应国家政策的重要举措。然而，中国的创业教育起步较晚，目前成效不甚理想，与教育强国目标尚有差距。创业教育具有示范作用，能够激起人的学习欲望与模仿本能，进而使学习者展现出类似行为[1]。创业

---

* 基金项目：国家自然科学基金面上项目“协同创新网络的异质性对产品创新的作用机制研究”（71672030）；教育部人文社会科学研究规划基金项目“协同创新网络的技术多样性对产品创新的作用机制研究”（16YJA630060）；中国博士后科学基金资助项目“协同创新网络的伙伴异质性对新产品开发的影响研究”（2019M651137）；辽宁省社会科学规划基金项目资助“开放式创新环境下辽宁先进装备制造企业吸收能力与创新绩效研究”（L15CGL015）。

作者简介：辛冲（1980—），女，黑龙江虎林人，东北大学工商管理学院副教授，博士，研究方向为创新管理与组织间关系网络；陈新（1995—），女，辽宁大连人，东北大学工商管理学院硕士研究生，研究方向为服务创新、创新管理；李琳（1995—），女，河北邯郸人，东北大学工商管理学院硕士研究生，研究方向为服务创新、创新管理；李蕊（1992—），女，天津人，东北大学工商管理学院硕士研究生，研究方向为协同创新管理；徐杨（1997—），女，河北秦皇岛人，东北大学工商管理学院硕士研究生，研究方向为协同创新网络。

教育对促进大学生创业意愿和创业行为的产生具有重要作用。

开展创业教育不仅可以解决毕业生就业难的问题，而且能够为大学生提升工作能力奠定良好的基础。Hejazinia 认为，创业教育是影响大学生创业意愿的重要因素之一[2]。Turker 和 Selcuk 经研究发现，如果学校在创业教育方面为学生做出正确的示范并给予其物质上的支持，学生选择创业的可能性会相应提高[3]。Kamil 和 Nasurdin 认为，创业行为是创业者经历创业机会发现、创业机会评估及创业行动的系列过程[4]，创业行为的产生离不开创业动机和创业意愿，创业意愿是创业行为产生的契机。而自我效能感是个体在特定环境下对自身完成某项任务的自信程度[5]，个体的自我效能感会对创业决策产生积极导向[6]。可见，创业教育、创业意愿、创业行为和自我效能感之间存在某种联系。

针对大学生创业教育、创业意愿及创业行为之间的关系，已有部分文献采用案例分析和问卷调查的方法展开过研究，但对其内在机制的探索尚显不足。中国创业教育以课程教育为主，实践教育为辅[7]，两者相辅相成，共同构成创业教育的基本体系。相较于其他教育，实践类创业教育更加强调学生的需求导向，允许学生在学习过程中自由交流彼此想法，并从中培养其推崇创新、思而求变的意识。但是，已有关于创业教育尤其是基于实践类创业教育的研究较为匮乏。因此，基于创业教育理论、行为动机理论及自我效能感理论，本文提出研究假设和理论模型；以深度访谈为基础，设计调查问卷；采用实证方法探究实践类创业教育对大学生创业意愿与创业行为的影响，并验证自我效能感的中介作用机制，以为实践类创业教育课程建设提供理论参考。

# 2 研究假设与理论模型

## 2.1 实践类创业教育对创业意愿和创业行为的影响

“创业教育”的概念起源于哈佛商学院。1947 年哈佛商学院开设了创业教育课程，此后，高等院校的创业教育迅速风靡全球[8]。为响应国家创新人才培养战略，开展创业教育成为高校解决学生就业问题的重要举措。实践类创业教育是以激发学生的创业动机为目标，增强学生学习体验的一种教育模式。目前中国高校的实践类创业教育采用理论课程与实践活动相结合的培养模式，一方面，开设基于专业特色的非通识类课程，如经济学领域的风险投资与私募股权[9]；另一方面，作为教育重点的创业实践活动则以多种形式呈现，如举办创业大赛、邀请创业人士开办讲座及聘请企业导师向学生传授创业经验等。

创业意愿是指潜在的创业者对待创业决策所采取的一种主观态度，用于衡量当事人具备创业者特质的程度，或作为对其创业态度和能力的一般描述[10]。创业意愿的影响因素主要包括感知行为控制、社会准则及个人特质等[11]。其中，个体对创业的态度和感知对创业意愿的影响最为显著[12]。实践类创业教育向学生传递创业知识，与此同时，通过模拟真实的创业环境，给予学生亲身体验的机会，潜移默化地提升学生对创业的认同感。经过实践类创业教育的培养，学生能够获得基本的创业知识和创业技能，同时在潜意识里结合自身情况重新评估创业的可行性。学生具备了必要的创业能力后，创业意愿提升，其创业成功的可能性随之增强。大学生处于自我意识较强的年龄阶段，表现为渴望尽快摆脱学生身份并融入社会，实现从物质独立到心理独立的蜕变。虽然创业需要付出大量的时间和努力，也伴随着不可预测的风险，但是成功的创业经历不仅能带给创业者可观的金钱回报，还能使创业者按照自己的设想相对自由地经营事业，赋予其心理上的满足感和成就感，所以创业是符合学生内心诉求的职业选择之一。实践类创业教育为学生提供必要的创业知识准备和训练平台，有助于明确学生的创业发展规划，能够为其创业实践提供智力支持。基于以上论述，本文提出下列假设。

实践类创业教育对创业意愿具有正向直接作用（H1）。

实践类创业教育对创业行为具有正向直接作用（H2）。

## 2.2 实践类创业教育对自我效能感的影响

自我效能感是指个人对某特殊事件拥有的信念，即相信自己能够成功从事某项活动并达到预定目标的程度。具备低水平自我效能感的人遇到障碍时认为自己的努力毫无用处；反之，具备高水平自我效能感的人则尽力寻找克服阻碍的方法[13]。可见，自我效能感是一种内在驱动力。Brown 等发现，自我效能感、风险承受能力及积极性这三种特质对于个体进行创业活动是不可或缺的[14]。自我效能感的产生以感知事物可行性为前提[15，16]。实践类创业教育主张将教学内容与社会实践紧密结合，注重学生的听课反馈，同时，完成学生在物质层次乃至精神层次的改造。学生在实践类创业教育中处于主体地位，能够学会自主思考并做出创业决策，得到更多对自我价值的认可。通过对实践类创业教育知识的学习，学生能够具备创业知识，提升创业成功信心。与此同时，创业教育还能够培养学生的创业意愿和坚毅品质。因此，高校开展实践类创业教育课程，通过榜样示范和展现创业成果的方式激励学生尝试创业，能够使学生在学习过程中感受到未来创业的可行性，进而增强学生的自我效能感。基于以上论述，本文提出以下假设。

实践类创业教育对自我效能感具有正向直接作用（H3）。

## 2.3 自我效能感对创业意愿和创业行为的影响

Bird 从过程视角分析了创业意愿和创业行为的形成，Boyd 和 Vosikis 将“自我效能感”引入 Bird 的模型，对其进行了修正[17]。由此，更多学者通过将自我效能感作为研究创业意愿和创业行为的前因变量展开探讨。Pihie 和 Bagheri 认为，个体创业意愿与潜在能力紧密相关[18]。Chen 等指出，自我效能感得分高的学生更有可能将他们的商业想法变为现实[19]。Bandura 针对马来西亚大学生创业意愿和行为的研究结果显示，自我效能感对学生成为企业家的意愿具有影响[20]。基于 Konakli 和 Göğüş 的研究，自我效能感被分为风险承担倾向、自信感和个体创造力这三个维度[21]。实践类创业教育的关键是在向学生传授创业实践知识技能的同时，注重调动学生的创业积极性。当关于创业的自我效能感处于较高水平时，潜在创业者相信自己能够承受创业压力，及时捕捉商业契机，并提出具有创新性的实施方案，进而产生创业行为。基于以上论述，本文提出下列假设。

自我效能感对创业意愿具有正向直接作用（H4）。

自我效能感对创业行为具有正向直接作用（H5）。

## 2.4 创业意愿对创业行为的影响

创业行为是创业者建立在创业意愿和动机的基础上，为实现创业目的所采取的系列行动[22]。创业行为包括个体创业行为和组织内创业行为。其中，个体创业行为是指成为一家新企业的所有人并掌握其经营权；组织内创业行为是指企业内部的新产品创新项目及管理改进活动[23]。依据 Timmons 和 Spinelli 提出的创业模型，创业过程由创业机会、团队和资源三要素驱动，并实现要素间的匹配和平衡。机会识别、团队创建和资源获取是分析创业行为的重要视角[24]。关于创业意愿，目前应用最为广泛的模型是 Sieger 和 Monsen 提出的计划行动理论（theory of planned behavior，TPB）[25]。Ajzen 强调意愿引导行为，且意愿是由态度、主观规范和感知行为共同作用所形成的[26]。实践类创业教育具有开放性特征。学校搭建平台，帮助学生了解商业环境和市场竞争态势，让学生更加了解社会实践，进而影响学生的就业取向。学生在接受实践类创业教育的过程中形成创业意愿，当遇到适当关键性事件，创业意愿则会促成创业行为的发生。基于以上论述，提出以下假设。

创业意愿对创业行为具有正向直接作用（H6）。

## 2.5 自我效能感的中介作用

人格特质是决定创业成功与否的重要条件，Wang 等的研究提出了人格五因素模型的因子结构，设计了自我效能感和创业意愿的量表，结果表明自我效能感在大学生的人格特质与创业意愿的关系中起到部分中介作用[27]。创业网络是大学生创业活动的载体，不同维度的网络嵌入性对创业意愿具有动态影响，自我效能感在网络嵌入对大学生创业意愿的影响过程中具有完全中介作用[28]。角色模式和自我效能感对大学生职业选择意向的形成具有影响，且研究证实，自我效能感在角色模式和职业意向的关系中存在中介作用[29]。可见，自我效能感在关于创业的不同研究里扮演了中介角色。研究中，学生在正式进行创业之前，预测自己在特定情况下的综合能力（衡量指标包括钱财等物质资源和抗风险能力等），关于创业结果的自我评价直接影响自我效能感。实践类创业教育是一种生成式教育，旨在培养学生的创新能力。大学生对创业行为尚处于认识阶段，可塑性比较强。学生通过知识获取和劳动实践，获得有利于创业的能力和特质，提升了自我效能感，相较之前更加敢于投入时间、金钱等并从事创业活动，进而激发自身的创业意愿和创业行为。因此，自我效能感是连接实践类创业教育与创业意愿、创业行为的桥梁。基于以上论述，本文提出下列假设。

自我效能感在实践类创业教育与创业意愿的关系中存在中介效应（H7）。

自我效能感在实践类创业教育与创业行为的关系中存在中介效应（H8）。

## 2.6 理论模型

基于上述关于实践类创业教育对创业意愿和创业行为的影响、实践类创业教育对自我效能感的影响、创业意愿对创业行为的影响及自我效能感在实践类创业教育与创业意愿和创业行为之间中介作用的论述，本文提出实践类创业教育与创业意愿和创业行为关系的理论模型，如图 1 所示。其中，实践类创业教育包括创业知识获取和创业技能提升，自我效能感包括风险承受、自信感和个人创造力，创业行为包括机会识别、团队组建和资源获取。

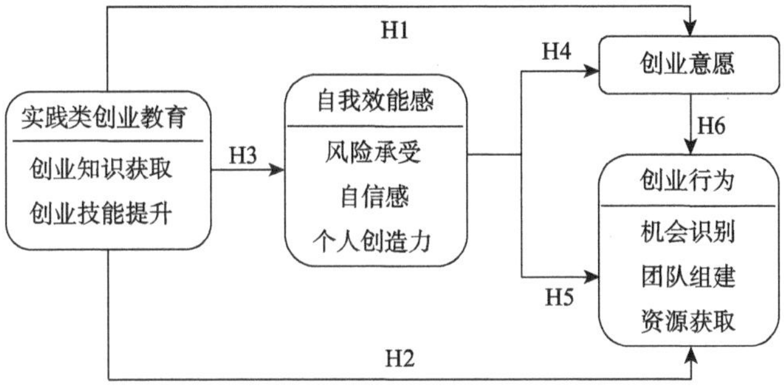


**图 1 理论模型**

# 3 研究设计

## 3.1 样本选择与数据收集

为了研究实践类创业教育与大学生创业意愿、创业行为之间的关系，本文以在校大学生为研究对象，通过问卷调查的方法获取实证数据。样本取自选修实践类创业课程的大学在校生，这部分人群进行过相应课程的系统学习，对于实践类创业教育已经形成较为成熟的观点。问卷的收集工作采取网络调查的形式，具体操作为：将设计好的调查问卷上传到问卷星网站，在创业课堂上由任课教师邀请学生填写问卷。网上共获取有效问卷 182 份，达到了研究预定的样本数量要求。

## 3.2 变量测量

研究采用问卷调查的方式展开活动。为保证研究的严谨性，问卷的量表大多参考已有的成熟量表，并在此基础上进行适当的修改，见表 1。调查问卷选用 Likert 5 分量表的形式，问题的表述方式为肯定句或陈述句。其中，每个题项的答案可分为“不同意”“比较不同意”“不确定”“比较同意”“同意”五个程度，遵循正向计分原则，分别给予 1、2、3、4、5 分的评定。

表1　各变量的测量题项

| 一级潜在变量 | 二级潜在变量 | 编号 | 测量题项 |
|---|---|---|---|
| 实践类创业教育 | 创业知识获取 | A1 | 实践类创业课程加深了我对创业者态度、价值观和动机的理解 |
| | | A2 | 实践类创业课程增进了我对创业行动的了解 |
| | | A3 | 实践类创业课程深化了我对所需关系网络的认识 |
| | 创业技能提升 | B1 | 实践类创业课程增强了我提出并解决新问题的能力 |
| | | B2 | 实践类创业课程提升了我辩证思考的能力 |
| | | B3 | 实践类创业课程提高了我浏览和搜索信息的能力 |
| 创业意愿 | 创业意愿 | C1 | 与被人雇佣相比，我更喜欢自主创业 |
| | | C2 | 我会将创业当作职业来追求 |
| | | C3 | 如果未来有机会，我将会开办自己的企业 |
| 创业行为 | 机会识别 | D1 | 我关注商业信息，并对此保持敏感的嗅觉 |
| | | D2 | 我能积极主动抓住潜在商机 |
| | | D3 | 我能对商业机会的可行性做出准确的判断 |
| | 团队组建 | E1 | 我能寻找到契合团队任务的成员 |
| | | E2 | 我能根据成员的各自特点做出职责安排 |
| | | E3 | 我在团队中具有良好的关系协调能力 |
| | 资源获取 | F1 | 我能从外界搜索到有价值的资源 |
| | | F2 | 我能在现有资源的基础上创造新产品 |
| | | F3 | 我具备良好的资源整合能力 |
| 自我效能感 | 风险承受 | G1 | 他人的否定使我更加坚定地达成目标 |
| | | G2 | 没有人能在不冒风险的情况下完成事情 |
| | | G3 | 在失败的情形下，我能够承担来自物质和精神方面的压力 |
| | 自信感 | H1 | 我能够向新认识的人从容地表达自己的看法 |
| | | H2 | 我善于影响别人，使他们的想法与我保持一致 |
| | | H3 | 结交新朋友对于我来说是一件容易的事情 |
| | 个人创造力 | I1 | 为解决困难，我能思考出不同的新方法 |
| | | I2 | 我能从事件相关人员处接收到观点，并得到启发 |
| | | I3 | 当伙伴们遇到问题时，他们总会向我求助以获得新的想法 |

1）实践性创业教育

根据 Boyles 的研究观点，实践性创业教育分为创业知识获取和创业技能提升两个维度[30]。创业知识获取衡量了学生在实践类创业课程中的学习和积累情况；创业技能提升反映了学生将所学知识运用于创业活动的实践能力。实践类创业教育的两个维度的题项均参考了已开发的成熟量表。其中，创业知识获取借鉴了杜晶晶和王晶晶应用的量表[31]，共包括三个题项；创业技能提升采用了 Bacanak[32]、Kucel 等[33]使用的量表，共包括三个题项。

2）创业意愿和创业行为

创业意愿解释的是潜在创业者将未实现的创业计划转变成行动的可能性。基于 Timmons

和 Spinelli 的创业模型理论，创业行为分为机会识别、团队组建和资源获取三个维度[24]。机会识别代表创业者对现实机遇的观察和价值判别能力；团队组建测量创业者根据创业方向，创建完整高效的工作单元的行为水平；资源获取表示当事人具备创业计划后，搜索并整合创业素材的能力。创业意愿和创业行为均借鉴了已应用的成熟量表，前者参考了 Hockerts 使用的量表[34]，后者参考了闫华飞和胡蓓编制的量表[35]。其中，创业意愿及创业行为的三个维度均包含三个题项。

3）自我效能感

根据 Konakli 和 Göğüş 的研究观点，自我效能感分为风险承受、自信感和个人创造力三个维度[21]。风险承受衡量的是潜在创业者面临创业困难时展现的抗压潜力；自信感代表的是潜在创业者对未来创业前景的乐观程度；个人创造力体现的是被调查者在处理创业事宜时，提供突破性想法的思维活跃程度。此部分的问卷设计借鉴了 Konakli 和 Göğüş 开发的成熟量表，每个维度均含有三个题项。

4）年龄、性别和专业

一方面，由于样本中被调查者的年龄和性别存在差异，其思考角度和角色认知有所不同。另一方面，被调查者的专业背景不同，他们的知识结构和未来从事的行业也不尽相同。除了对自身条件的考虑，行业的当前境况和未来趋势也都可能影响被调查者对创业问题的看法。研究的设计是为了探讨实践类创业教育、自我效能感、大学生创业意愿与创业行为之间的关系，以上这些因素都会对研究结果造成部分影响。因此，观察这些变量具有一定的必要性。

# 4 实证分析

## 4.1 信度与效度

本文使用 SPSS21.0 统计软件进行数据分析。各变量的信度和效度检验结果如表 2 所示。首先，研究设计采用 Cronbach's $\alpha$ 系数对问卷进行信度检测。通常，若 Cronbach's $\alpha$ 系数不小于 0.7，则表明该问卷的各变量具有较好的内部一致性。从表 2 可知，各变量的 Cronbach's $\alpha$ 系数均不小于 0.7，说明该量表具有较高的信度。其次，研究设计采用 KMO（Kaiser-Meyer-Olkin）检验、Bartlett 球体检验和主成分分析法对问卷进行效度检验。一般，KMO 值处于 0~1，且 KMO 值越接近 1，表明结果越理想。若 KMO 值大于 0.7，则认为问卷适合做因子分析。同时，如果 Bartlett 球体检验的显著性水平小于 0.05，说明各变量间具有相关性，因子分析有效，而且 $p$ 值越小，检验结果越显著。由表 2 可知，各变量的 KMO 值均大于 0.7，$p$ 值接近 0.01，表明该量表具有较好的效度。另外，各变量的累计方差贡献率均达到 70%以上，说明解释力度较强。

表 2 量表的信度和效度检验结果

| 测量变量 | Cronbach's $\alpha$ 值 | KMO 值 | $p$ 值 | 累计方差贡献率 |
|---|---|---|---|---|
| 创业知识获取 | 0.856 | 0.752 | 0.001 | 80.26% |
| 创业技能提升 | 0.783 | 0.723 | 0.001 | 79.59% |
| 创业意愿 | 0.831 | 0.863 | 0.001 | 85.08% |
| 机会识别 | 0.891 | 0.841 | 0.001 | 81.23% |
| 团队组建 | 0.827 | 0.830 | 0.001 | 83.47% |
| 资源获取 | 0.787 | 0.836 | 0.001 | 82.79% |
| 风险承受 | 0.710 | 0.748 | 0.001 | 83.18% |
| 自信感 | 0.760 | 0.796 | 0.001 | 80.36% |
| 个人创造力 | 0.700 | 0.787 | 0.001 | 81.70% |

## 4.2 假设检验

### 4.2.1 描述性统计

表 3 为各变量的描述性统计结果及相关矩阵，用来解释各变量自身的均值、标准差及变量间的相互关系。由表 3 可知，实践类创业教育、自我效能感、创业意愿和创业行为之间存在一定程度的相关性，这为下一步的层级回归分析提供了前提。

表 3 变量的描述性统计结果及相关矩阵

| 变量 | 均值 | 标准差 | 1 | 2 | 3 | 4 | 5 | 6 | 7 | 8 | 9 |
|---|---|---|---|---|---|---|---|---|---|---|---|
| 创业知识获取 | 3.517 | 0.722 | 1 | | | | | | | | |
| 创业技能提升 | 3.690 | 0.784 | 0.458** | 1 | | | | | | | |
| 创业意愿 | 2.862 | 0.652 | 0.506** | 0.396** | 1 | | | | | | |
| 机会识别 | 3.147 | 0.738 | 0.409** | 0.289** | 0.469** | 1 | | | | | |
| 团队组建 | 3.692 | 0.729 | 0.345** | 0.405** | 0.429** | 0.362** | 1 | | | | |
| 资源获取 | 3.850 | 0.639 | 0.280** | 0.488** | 0.360** | 0.597** | 0.489** | 1 | | | |
| 风险承受 | 2.907 | 0.708 | 0.627** | 0.296** | 0.503** | 0.420** | 0.322** | 0.596** | 1 | | |
| 自信感 | 2.652 | 0.611 | 0.544** | 0.395** | 0.377** | 0.659** | 0.389** | 0.317** | 0.441** | 1 | |
| 个人创造力 | 3.088 | 0.748 | 0.398** | 0.573** | 0.261** | 0.594** | 0.296** | 0.355** | 0.483** | 0.359** | 1 |

**表示 $p<0.01$

### 4.2.2 多元回归分析

为了探讨实践类创业教育、自我效能感、大学生创业意愿与创业行为之间的关系，本文采用多元回归分析方法对所得数据进行分析。

首先，检验实践类创业教育与自我效能感之间的关系，见表 4。自变量实践类创业教育分为创业知识获取和创业技能提升两个维度，而中介变量自我效能感分为风险承受、自信感和个人创造力三个维度，模型 1~模型 2、模型 3~模型 4、模型 5~模型 6 的因变量分别是自我效能感的上述三个维度，其中模型 1、模型 3 和模型 5 表示对控制变量年龄、性别和专业的测量；模型 2、模型 4 和模型 6 表示实践类创业教育对自我效能感的作用。由表 4 可知，模型 2 中创业知识获取（$\beta$=0.251，$p$<0.01）和创业技能提升（$\beta$=0.367，$p$<0.01）对风险承受的影响显著为正，表明实践类创业教育对风险承受具有正向直接作用，模型 4 和模型 6 同理。因此，实践类创业教育对自我效能感具有正向直接作用，H3 得到支持。

**表 4 假设检验结果（一）**

| 变量 | 风险承受 | | 自信感 | | 个人创造力 | |
|---|---|---|---|---|---|---|
| | 模型 1 | 模型 2 | 模型 3 | 模型 4 | 模型 5 | 模型 6 |
| 年龄 | 0.018 | 0.009 | 0.014 | 0.037 | 0.059 | 0.055 |
| 性别 | 0.055 | 0.046 | 0.026 | 0.021 | 0.047 | 0.091 |
| 专业 | 0.069 | 0.079 | 0.068 | 0.040 | 0.035 | 0.030 |
| 创业知识获取 | | 0.251** | | 0.287** | | 0.369** |
| 创业技能提升 | | 0.367** | | 0.419** | | 0.462** |
| $\Delta R^2$ | 0.025 | 0.147 | 0.081 | 0.169 | 0.047 | 0.173 |
| $R^2$ | 0.158 | 0.274 | 0.186 | 0.237 | 0.215 | 0.267 |
| $F$ 值 | 2.597** | 3.677** | 2.694** | 3.485** | 2.574** | 3.601** |

**表示 $p$<0.01

其次，检验自我效能感在实践类创业教育与创业意愿之间的中介作用（表 5）。自变量实践类创业教育分为创业知识获取和创业技能提升两个维度。模型 7~模型 9 中的因变量均为创业意愿，其中模型 7 表示对控制变量年龄、性别和专业的测量；模型 8 表示未加入中介变量自我效能感之前，实践类创业教育对创业意愿的作用；模型 9 表示加入中介变量自我效能感后，实践类创业教育对创业意愿的作用。由表 5 可知，模型 8 中创业知识获取（$\beta$=0.382，$p$<0.01）和创业技能提升（$\beta$=0.415，$p$<0.01）对创业意愿的影响显著为正，H1 成立；模型 9 中风险承受（$\beta$=0.254，$p$<0.01）、自信感（$\beta$=0.290，$p$<0.01）和个人创造力（$\beta$=0.273，$p$<0.01）与创业意愿的关系呈显著正相关，H4 成立。因此，自我效能感在实践类创业教育与创业意愿的关系中存在中介效应，H7 得到支持。

表 5 假设检验结果（二）

| 因变量 | 创业意愿 | | |
|---|---|---|---|
| | 模型 7 | 模型 8 | 模型 9 |
| 年龄 | 0.024 | 0.058 | 0.091 |
| 性别 | 0.074 | 0.069 | 0.023 |
| 专业 | 0.018 | 0.048 | 0.089 |
| 创业知识获取 | | 0.382** | 0.310** |
| 创业技能提升 | | 0.415** | 0.376** |
| 风险承受 | | | 0.254** |
| 自信感 | | | 0.290** |
| 个人创造力 | | | 0.273** |
| 创业意愿 | | | |
| $\Delta R^2$ | 0.054 | 0.125 | 0.214 |
| $R^2$ | 0.156 | 0.254 | 0.289 |
| $F$ 值 | 2.658** | 3.260** | 3.689** |

**表示 $p$<0.01

再次，检验自我效能感在实践类创业教育与创业行为之间的中介作用见表 6。因变量创业行为分为机会识别、团队组建、资源获取三个维度。模型 10~模型 12、模型 13~模型 15、模型 16~模型 18 的因变量分别是创业行为的上述三个维度，其中模型 10、模型 13 和模型 16 表示对控制变量年龄、性别和专业的测量；模型 11、模型 14 和模型 17 表示未加入中介变量自我效能感之前，实践类创业教育对创业行为的作用；模型 12、模型 15 和模型 18 表示加入中介变量自我效能感后，实践类创业教育对创业行为的作用。由表 6 可知，模型 11 中创业知识获取（$\beta$=0.274，$p$<0.01）和创业技能提升（$\beta$=0.296，$p$<0.01）对机会识别的影响显著为正，其余两个变量（团队组建和资源获取）同理，模型 14 中创业知识获取（$\beta$=0.297，$p$<0.01）和创业技能提升（$\beta$=0.348，$p$<0.01）对团队组建的影响显著为正，模型 17 中创业知识获取（$\beta$=0.379，$p$<0.01）和创业技能提升（$\beta$=0.315，$p$<0.01）对资源获取的影响显著为正，H2 成立。模型 12 中风险承受($\beta$=0.359,$p$<0.01)、自信感($\beta$=0.310,$p$<0.01)和个人创造力($\beta$=0.293，$p$<0.01）与机会识别的关系呈显著正相关，模型 15 中风险承受（$\beta$=0.256，$p$<0.01)、自信感（$\beta$=0.287，$p$<0.01）和个人创造力（$\beta$=0.263，$p$<0.01）与团队组建的关系呈显著正相关，模型 18 中风险承受（$\beta$=0.296，$p$<0.01)、自信感（$\beta$=0.278，$p$<0.01）和个人创造力（$\beta$=0.266，$p$<0.01）与资源获取的关系呈显著正相关，由此可知，自我效能感对创业行为具有正向直接作用，H5 成立。综上所述，自我效能感在实践类创业教育与创业行为的关系中存在中介效应，H8 得到支持。

表 6 假设检验结果（三）

| 因变量 | 机会识别 | | | 团队组建 | | | 资源获取 | | |
|---|---|---|---|---|---|---|---|---|---|
| | 模型 10 | 模型 11 | 模型 12 | 模型 13 | 模型 14 | 模型 15 | 模型 16 | 模型 17 | 模型 18 |
| 年龄 | 0.095 | 0.072 | 0.084 | 0.028 | 0.026 | 0.058 | 0.025 | 0.072 | 0.038 |
| 性别 | 0.022 | 0.050 | 0.068 | 0.059 | 0.037 | 0.014 | 0.069 | 0.060 | 0.011 |
| 专业 | 0.015 | 0.069 | 0.017 | 0.075 | 0.085 | 0.065 | 0.028 | 0.069 | 0.057 |
| 创业知识获取 | | 0.274** | 0.256** | | 0.297** | 0.284** | | 0.379** | 0.345** |
| 创业技能提升 | | 0.296** | 0.289** | | 0.348** | 0.329** | | 0.315** | 0.282** |
| 风险承受 | | | 0.359** | | | 0.256** | | | 0.296** |
| 自信感 | | | 0.310** | | | 0.287** | | | 0.278** |
| 个人创造力 | | | 0.293** | | | 0.263** | | | 0.266** |
| 创业意愿 | | 0.375** | 0.362** | | 0.369** | 0.351** | | 0.380** | 0.372** |
| $\Delta R^2$ | 0.086 | 0.183 | 0.262 | 0.058 | 0.174 | 0.249 | 0.070 | 0.196 | 0.264 |
| $R^2$ | 0.186 | 0.247 | 0.259 | 0.175 | 0.234 | 0.268 | 0.185 | 0.269 | 0.278 |
| $F$ 值 | 2.521** | 3.027** | 3.682** | 2.742** | 3.189** | 3.750** | 2.419** | 3.257** | 3.694** |

**表示 $p<0.01$

最后，检验创业意愿与创业行为之间的关系。通过整理回归分析的结果，发现模型 11 中创业意愿（$\beta=0.375$，$p<0.01$）与机会识别、模型 14 中创业意愿（$\beta=0.369$，$p<0.01$）与团队组建及模型 17 中创业意愿（$\beta=0.380$，$p<0.01$）与资源获取的关系均呈显著正相关，因此，创业意愿对创业行为具有直接正向作用，H6 成立。

# 5 结论与讨论

高校实践类创业教育的推动对于解决大学生就业难问题具有重要的现实意义。本文以在校大学生为对象展开问卷调查，探究实践类创业教育、创业意愿和创业行为之间的关系，并验证自我效能感的中介作用，从中得到以下主要结论。

第一，实践类创业教育对创业意愿和创业行为具有正向直接作用。以往理论教育与实践教育存在一定程度上的脱节，实践类创业教育秉承理论与实践相结合的理念，既向学生传授必需的理论知识，又利用学校、社会的现有资源搭建创业实践活动平台，积极倡导学生将自身的所学与想法投入现实。因而，接受教育的学生在获得相关创业知识与模拟实践经验的同时，其创业能力也得到锻炼。实践类创业教育能深化学生对创新创业的理解，减少其内心对创业活动的抵触心理，极大激发其创业热情，最终达到提高其创业意愿乃至实现其创业行为的目的。

第二，实践类创业教育对自我效能感具有正向直接作用。自我效能感强调潜在创业者的感知功能，其感知结果是建立于个人因素和环境因素的综合效应。个人因素包括性格、抗压能力和学习能力等；环境因素则综合了来自学校、社会、家庭等各方面的影响。个人层面上，实践类创业教育使学生积累创业知识与技能；环境层面上，学校和社会能够更加客观地评估学生的创业选择，并可以为有意向创业的学生提供天使基金或贷款等经济支持。在两方面的协同作用下，实践类创业教育能帮助潜在创业者提高抗风险能力，增强他们对事业的自信程度，使其认为创业活动前景光明，并有助于其自我效能感的提升。

第三，自我效能感在实践类创业教育与创业意愿、创业行为之间起到中介作用。实践类创业教育培养学生从事创业活动的基本素质，使他们有关传统职业选择的保守性观点发生突破性转变，促进了其自我效能感的提升。具有高水平自我效能感的个体通常具有出色的抗压能力，遇到挫折时会给予自己积极的心理暗示，坚定原有的创业意愿并根据现实情况做出适当的调整。相较于低水平自我效能感的个体，他们能够以更加积极主动的姿态落实行动。

第四，创业意愿对创业行为具有正向直接作用。创业意愿本质上是创业行为发生的潜在根源。创业行为是创业意愿在现实生活中的反映。创业意愿代表潜在创业者实施创业行为的心理准备状态。个体的创业意愿越强烈，创业行为实现的可能性越大。潜在创业者在创业意愿的驱动下通过对现存资源和自我能力的理性衡量做出创业决策，诱发创业行为的产生。

## 6 实践启示

因为学生在大学前所接受的教育模式以应试教育为主，比较注重理论知识的吸收而忽略了实践能力的培养，所以，学校在加大创业教育建设力度时，应适当增加创业教育的实践内容，具体表现为：将理论性的创业教育课程设置为全校学生的必修课程，将实践类的创业教育课程设置为各专业的选修课程，由学生根据自己的兴趣与意愿在不同时间段自由选择。除了课程学习外，学校应尽可能鼓励学生积极参加创新创业技能大赛，邀请知名企业家、杰出校友等成功人士进入校园，就创业话题与学生展开面对面交流，使学生吸取成功经验或失败的教训并了解市场的发展现状，以避免其盲目地陷入创业误区。另外，学校应通过各种渠道加大力度宣传政府、学校及其他社会组织对大学生创业的扶持政策，同时推广创业咖啡、创客空间、创新工厂等新型孵化模式，为计划创业的学生提供资金支持或技术指导。

创新品质是21世纪创业人才最重要的特质之一。因此，实践类创业教育应当注重学生的个人素养，大力培养学生的创新品质。首先，提升学生的创新意识。创新意识本质上是一种动力，个体只有在意识的驱动下才能实现思维活动和实践活动。创新意识主要体现在处理问题时的主动性、独立性与开拓精神。应多鼓励学生打破惯性思维，要求他们在思考解决方案时尽可能求新求异，最终形成使其受益终生的思维习惯。其次，培养学生的求知欲望。虽然许多创新来源于思索，但成果是在丰富的知识基础中诞生。应指导学生自主学习专业知识并关注交叉学科领域，以扩充自身的知识储备。最后，塑造学生的创新人格。善于发现问题、勇于提出见解及敢于挑战权威是创新型人才的基本特征。老师应树立现代的教育观，将传统的灌输式教育方式转变为启发式教育方式。例如，老师可以在教学过程中故意设置疑问甚至错误，以引导学生发现问题与提出质疑，培养学生刨根问底的精神。

## 参考文献


[1] Esene R A. Towards improving the strategies of effective teaching entrepreneurship development education courses of office technology and management students of polytechnics in Delta State[J]. Journal of Education and Practice，2015，6（31）：102-107.

[2] Hejazinia R. The impact of IT-based entrepreneurship education on entrepreneurial intention[J]. International Journal of Management，Accounting and Economics，2015，2（3）：243-253.

[3] Turker D，Selcuk S S. Which factors affect entrepreneurial intention of university students?[J]. Journal of European Industrial Training，2009，33（2）：142-159.

[4] Kamil N L M，Nasurdin A M. The role of emotional intelligence，perceived organizational support，and intrinsic motivation in predicting entrepreneurial behavior：a review and synthesis of the literature[J]. Annamalai International Journal of Business Studies & Research，2015，（SI）：19-22.

[5] Konakll T. Effects of self-efficacy on social entrepreneurship in education：a correlational research[J]. Research in Education，2015，91（4）：30-43.

[6] Wennberg K，Pathak S，Autio E. How culture moulds the effects of self-efficacy and fear of failure on entrepreneurship[J]. Entrepreneurship & Regional Development，2013，25（9/10）：756-780.

[7] 马永斌，柏喆. 大学创新创业教育的实践模式研究与探索[J]. 清华大学教育研究，2015，36（6）：99-103.

[8] Nabi G，Liñán F，Fayolle A，et al. The impact of entrepreneurship education in higher education：a systematic review and research agenda[J]. Academy of Management Learning & Education，2017，16（2）：277-299.

[9] 马永斌，柏喆. 创新创业教育课程生态系统的构建途径——基于清华大学创业教育的案例分析[J]. 高等工程教育研究，2016，（5）：137-140.

[10] Bagheri A，Pihie Z A L. Factors influencing students' entrepreneurial intentions：the critical roles of personal attraction and perceived control over behavior[J]. International Journal of Management Science & Technology Information，2015，（16）：16-28.

[11] Kautonen T，van Gelderen M，Fink M.Robustness of the theory of planned behavior in predicting entrepreneurial intentions and actions[J]. Entrepreneurship Theory and Practice，2015，39（3）：655-674.

[12] Muhammad A D，Aliyu S，Ahmed S. Entrepreneurial intention among Nigerian university students[J]. American Journal of Business Education，2015，8（4）：239-248.

[13] Hsu D K，Wiklund J，Cotton R D. Success，failure，and entrepreneurial reentry：an experimental assessment of the veracity of self-efficacy and prospect theory[J]. Entrepreneurship Theory and Practice，2017，41（1）：19-47.

[14] Brown U J，Beale R L，White-Johnson S. Perceptions of entrepreneurial intentions and risk propensity：self-reliance and self-efficacy in college students to encourage knowledge[J]. Review of Business Research，2011，11（5）：169-177.

[15] Mair J. Entrepreneurial behaviour in a large traditional firm：exploring key drivers[D]. Barcelona：University of Navarra.

[16] Cassar G，Friedman H L. Does self-efficacy affect entrepreneurial investment?[J]. Strategic Entrepreneurship Journal，2009，3（3）：241-260.

[17] Boyd N G, Vosikis G S. The influence of self-efficacy on the development of entrepreneurial intentions and actions[J]. Entrepreneurship Theory and Practice，1994，18（4）：63-77.

[18] Pihie Z A L，Bagheri A. Self-efficacy and entrepreneurial intention：the mediation effect of self-regulation[J]. Vocations and Learning，2013，6（3）：385-401.

[19] Chen C C, Greene P G, Crick A. Does entrepreneurial self-efficacy distinguish entrepreneurs from managers?[J]. Journal of Business Venturing，1998，13（4）：295-316.

[20] Bandura A.On the functional properties of perceived self-efficacy revisited[J]. Journal of Management，2012，38（1）：9-44.

[21] Konakli T，Göğüş N. Pre-service teachers' social entrepreneurship qualifications scale：validity and reliability study[J]. Gazi University Journal of Gazi Educational Faculty，2013，33（2）：373-391.

[22] Kautonen T, van Gelderen M, Tornikoski E T. Predicting entrepreneurial behavior: a test of the theory of planned behavior[J]. Applied Economics，2013，45（6）：697-707.

[23] de Jong J P J，Parker S K，Wennekers S. Entrepreneurial behavior in organizations：does job design matter?[J]. Entrepreneurship：Theory and Practice，2015，39（4）：981-995.

[24] Timmons J A，Spinelli S. New Venture Creation：Entrepreneurship for the 21st Century[M]. New York：McGraw-Hill，2006：1-50.

[25] Sieger P, Monsen E. Founder, academic or employee? A nuanced study of career choice intentions[J]. Journal of Small Business Management，2015，53（S1）：30-57.

[26] Ajzen I. Attitudes，Personality and Behavior[M]. Milton keynes：Open University Press，1988.

[27] Wang J H，Chang C C，Yao S N，et al. The contribution of self-efficacy to the relationship between personality and entrepreneurial intention[J]. Higher Education：The International Journal of Higher Education Research，2016，72（2）：209-224.

[28] 李洪波，张徐. 网络嵌入性与大学生创业意愿的关系研究：基于创业自我效能感的中介作用[J]. 江苏大学学报：社会科学版，2014，16（3）：76-83.

[29] Barnir A，Watson W E，Hutchins H M. Mediation and moderated mediation in the relationship among role models，self-efficacy，entrepreneurial career intention and gender[J]. Journal of Applied Social Psychology，2011，41（2）：270-297.

[30] Boyles T. 21st century knowledge，skills，and abilities，and entrepreneurial competencies：a model for

undergraduate entrepreneurship education[J]. Journal of Entrepreneurship Education，2012，15：41-55.

[31] 杜晶晶，王晶晶. 创业教育对大学生创业意向影响的实证研究[J]. 高校教育管理，2015，9（5）：113-119.

[32] Bacanak A. Teachers' view about science and technology lesson effects on the development of students' entrepreneurship skills[J]. Educational Sciences：Theory and Practice，2013，13（1）：622-629.

[33] Kucel A，Róbert P，Buil M，et al. Entrepreneurial skills and education-job matching of higher education graduates[J]. European Journal of Education，2016，51（1）：73-89.

[34] Hockerts K. Determinants of social entrepreneurial intentions[J]. Entrepreneurship Theory and Practice，2017，41（1）：105-130.

[35] 闫华飞，胡蓓. 创业行为对知识溢出影响的实证研究[J]. 系统工程，2014，32（2）：103-109.

# Influence of Practical Entrepreneurship Education on Entrepreneurial Intention and Entrepreneurial Behavior of College Students：Intermediary Role of Self-efficacy

Xin Chong，Chen Xin，Li Lin，Li Rui，Xu Yang

（School of Business Administration，Northeastern University，Shenyang 110167，China）

**Abstract**：Based on the questionnaire survey of 182 college students，using multiple regression method，this paper empirically studies the influence of practical entrepreneurship education on entrepreneurial intention and entrepreneurial behavior of college students，and verifies the intermediary role of self-efficacy.The results show as follows：practical entrepreneurship education has a positive and direct effect on entrepreneurial intention and entrepreneurial behavior of college students；practical entrepreneurship education has a positive and direct effect on self-efficacy；entrepreneurial intention has a positive and direct effect on entrepreneurial behavior；there is an intermediary role of self-efficacy between practical entrepreneurship education，entrepreneurial intention and entrepreneurial behavior.

**Keywords**：entrepreneurship education；entrepreneurial intention；entrepreneurial behavior；self-efficacy